Leo Nikolaevich Tolstoy

WAR AND PEACE

전쟁과 평화

Retold by Kay Sam Shephard

발 행 인	장운선
펴 낸 곳	::: THE TEXT A YBM COMPANY
초판발행	2007년 7월 31일
4쇄발행	2014년 3월 4일
등록일자	1992년 4월 30일
등록번호	제 2010-000233호
	서울특별시 강남구 테헤란로 151 역삼하이츠빌딩
	TEL (02) 2000-0515
	FAX (02) 2271-0172
Copyright	©2007 THE TEXT
ISBN	978-89-92228-64-0
인터넷 홈페이지	http://www.ybmbooks.com

THE TEXT의 허락 없이 이 책의 일부 또는 전부를 무단 복제, 전재, 발췌하는 것을 금합니다.
* 낙장 및 파본은 교환해 드립니다. 구입 철회는 구매처 규정에 따라 교환 및 환불 처리됩니다.

사진은 ©Shooting Star / (주)유로포토서비스에서 제공해 주셨습니다.

머리말

21세기 현대 생활 전반에서 영어는 큰 비중을 차지하고 있으며, 영어 실력은 한 사람을 평가하는 중요한 척도로 자리 잡았습니다. 영어 실력을 배양하기 위해서는 완전하면서도 자연스러운 원어민의 말과 글을 많이 접하고 느껴야 합니다.

이를 위해 YBM/Si-sa 가족인 THE TEXT는 세계 문학사에 빛나는 작품들을 엄선하여 The Classic House를 펴내게 되었습니다. 세계적인 명작들은 숨가쁜 현대를 살아가는 우리들에게 글 읽기의 즐거움과 함께 그 심오한 사고의 깊이로 시대를 초월한 감동을 선사합니다.

그러나 이들 문학 작품들이 탄생한 시대의 문체와 현대의 문체 사이에는 큰 차이가 있어서 영어를 사랑하는 사람들도 접근하기가 힘든 점이 있습니다. 이에 THE TEXT는 원작의 내용을 그대로 살리면서 보다 쉽고 간결한 문체로 원작을 재구성하여, 독자 여러분이 명작의 감동을 그대로 느끼면서 현대 영어를 자연스럽게 체득할 수 있도록 배려하였습니다.

The Classic House가 독자 여러분의 영어 실력 향상뿐 아니라 풍부한 정서 함양과 문학적, 문화적 교양을 배양하는 데 큰 도움이 되기를 기대합니다.

이 책의 특징

폭넓은 독자층 대상 고등학생, 대학생, 일반 성인 등 다양한 독자들이 쉽게 접근할 수 있는 영어 수준으로 구성하였습니다. 부담 없이 읽는 가운데 영어실력이 향상됩니다.

읽기 쉬운 현대 영어로 전문 재구성 영어권 작가들이 원작의 분위기와 의도를 최대한 살려서, 고전적인 문체와 표현을 현대 영어로 바꿔 이해하기 쉽게 다시 집필하였습니다.

친절한 어휘해설 및 내용설명 오른쪽 페이지의 주해(Footnotes)를 통해, 본문 어휘풀이뿐 아니라 내용 이해에 필요한 상황설명과 문화정보(Cultural tips)도 함께 제공합니다.

유려한 우리말 번역 영어 본문 뒤에 「명작 우리글로 다시읽기」를 실었습니다. 훌륭한 번역서의 기능을 하며, 해당 영문의 페이지도 표시하여 찾아보기 쉽도록 하였습니다.

본문 표현을 활용한 생활영어 권말에는 「명작에서 찾은 생활영어」가 있습니다. 영어 본문에서 생활영어로 활용 가능한 표현이나 문장을 뽑아 상세한 해설과 함께 실었습니다.

원어민이 녹음한 MP3 file www.ybmbooks.com에서 원어민이 영문을 낭독한 MP3 파일을 무료로 다운로드 받아 읽기 능력뿐 아니라 듣기 능력과 발음이 향상되도록 하였습니다.

이 책의 활용법

Listening Casually 본격적으로 책을 읽기에 앞서 MP3 파일을 들으면서 책의 내용을 추측해 봅니다. 들리지 않는 단어가 나오더라도 본문을 참고하지 않도록 합니다.

Reading Through 영어 본문을 본격적으로 읽습니다. 문장을 읽다 간혹 모르는 단어가 나오더라도 멈추지 않고 이야기의 흐름을 파악하는 데 중점을 두면서 읽습니다.

Reading Carefully 오른쪽 페이지 하단의 주해와 책 말미에 있는 「명작 우리글로 다시읽기」를 참고하여 문장의 정확한 의미 파악에 주력하며 다시 한번 영문을 읽습니다.

Listening Carefully 상기한 3단계를 거치며 영문의 의미를 파악한 다음, 이전에 들리지 않았던 영문이 완전히 들릴 때까지 MP3 파일을 반복해서 청취합니다.

Speaking Aloud MP3 파일을 자신이 따라할 수 있는 속도로 조절해 가면서 원어민의 발음, 억양, 어투 등에 최대한 가깝게 발성하면 회화에 큰 도움이 됩니다.

Speaking Fluently 「명작에서 찾은 생활영어」를 통해 실생활에 유용하게 쓰일 수 있는 회화 표현들을 자연스럽게 익혀 유창하게 말할 수 있도록 합니다.

저자소개

레오 니콜라예비치 톨스토이(Leo Nikolaevich Tolstoy)
러시아, 1828~1910

톨스토이는 1828년 남러시아 지방의 부유한 귀족 가문에서 태어났다. 성장하여 1844년 카잔(Kazan) 대학에 입학하였으나, 대학 교육에 실망한 그는 방탕한 생활을 일삼다가 1847년 학업을 중단하고 귀향하였다. 이후 농민 교육에 앞장서고, 농민의 이익을 보장해 주는 등 타락한 귀족 청년의 삶을 청산하고 농민생활 개선을 위해 노력한다.

1851년 군에 입대하여 군생활 동안 처녀작 「유년시대(Childhood)」를 발표하여 주목을 받은 톨스토이는 제대 후, 1862년 결혼과 동시에 본격적으로 작품 활동에 전념하였다. 그는 1869년 나폴레옹의 모스크바 침공을 그린 「전쟁과 평화(War and Peace)」를 집필하였고, 1877년 파멸해 가는 두 쌍의 남녀를 통해 당대의 사회적 문제를 묘사한 「안나 카레니나(Anna Karenina)」를 완성한다. 또한 1899년에는 신분을 초월한 주인공들의 사랑을 그리며 한편으로 러시아 사회 계층간의 문제점을 비판한 「부활(Resurrection)」을 집필한다.

1910년 82세의 나이로 생을 마감하기까지 여러 작품을 통해 인간은 자신만이 아닌 인류 전체의 행복을 위해 살아야 한다는 점을 일깨운 톨스토이는 세계적으로 위대한 문호로 평가 받고 있다.

작품소개

1812년 나폴레옹의 모스크바 침공을 배경으로 전쟁의 소용돌이 속에서 여러 인물들이 겪는 삶의 희로애락을 웅장한 스케일로 그려낸 「전쟁과 평화」는 "19세기 소설계에 군림하는 거대한 기념탑이자 근대 문학의 「일리아드(Iliad)」다"라고 평한 로맹 롤랑(Romain Rolland)의 말에서 알 수 있듯이 근대 유럽 문학에서 독보적인 위치를 점하고 있는 대하 장편소설이다.

제정 러시아 시대, 피에르(Pierre)는 모스크바 굴지의 재산가 베주호프(Bezuhov) 백작의 서자로 백작의 사후 막대한 재산을 상속받지만 바실리(Vassily) 공작의 술수로 품행이 좋지 못한 엘렌(Ellen)과 결혼하고 만다. 그러나 마음속으로는 로스토프(Rostov)가의 막내딸인 재기발랄한 나타샤(Natasha)에게 사랑의 감정을 품게 된다. 한편 그의 친구 안드레이(Andrey)는 참전으로 전쟁의 비참함을 깨닫고, 미워하던 아내마저 산고로 죽음을 맞게 되자 인생에 환멸을 느끼게 된다. 그러다 나타샤를 만나 사랑에 빠져 결혼을 약속하는데 나타샤는 그가 해외에 머무는 동안 아나톨리(Anatoly)의 유혹에 넘어가 약혼을 파기한다.

단순한 애정소설이나 역사소설의 한계를 뛰어넘어 사실적인 서술과 다양한 주인공들의 생명력 넘치는 심리 묘사로 사랑, 희망, 고뇌, 슬픔 등 인간 실존의 의미를 되짚고 있는 「전쟁과 평화」는 세계 문학사에서 최고의 명작으로 손꼽히고 있다.

등·장·인·물

피에르 베주호프 Pierre Bezuhov

모스크바의 재산가 베주호프 백작의 서자. 백작의 사후 전재산을 상속받고 일약 러시아의 총아로 떠오른다. 바실리 공작에게 떠밀려 그의 딸인 엘렌과 결혼하나 그녀의 방탕한 생활에 질려 하다가 그녀가 병으로 죽자 마음속에 품어왔던 나타샤와 사랑의 결실을 맺게 된다.

나타샤 로스토바 Natasha Rostova

로스토프가의 막내딸. 감정에 솔직하고 활기가 넘치는 인물로 안드레이 공작과 약혼하지만 그가 요양차 해외에 머무는 동안 바실리 공작의 아들 아나톨리와 사랑에 빠져 안드레이에게 파혼을 통보한다. 이후 전쟁 중 부상당한 안드레이와 우연히 만나 용서를 구하고 그를 성심껏 돌본다.

안드레이 볼콘스키 Andrey Bolkonsky

볼콘스키가의 맏아들. 명예와 사회적 책임을 중시하는 전형적인 엘리트로 아내 리자와 애정 없는 결혼 생활을 하다가 아내가 아들을 낳으며 세상을 뜨는 아픔을 겪게 된다. 이후 삶의 활기를 불어넣어 주는 나타샤에게 빠지게 되나 참전 중 부상을 입고 죽음을 맞는다.

니콜라이 로스토프 Nikolay Rostov

로스토프가의 맏아들. 한때 도박에 빠져살았으나 아버지가 돌아가시자 집안의 빚을 모두 청산하고 가세를 일으키는 등 성숙한 모습을 보여준다. 어릴 적부터 사촌인 소냐와 좋아하는 사이였으나 전쟁 중 만난 마리아에게 애정을 느끼고 그녀와 결혼한다.

마리아 볼콘스카야 Marya Bolkonskaya

안드레이의 여동생. 아버지의 냉대와 못생긴 외모에서 오는 피해 의식을 종교적인 신념으로 극복하며 살아가는 여인. 아버지의 지나친 통제로 외출도 못하고 집에 갇혀 지내다가 피난 중 도움을 받은 니콜라이에게 사랑을 느끼고 종전 후 그와 행복한 가정을 꾸리게 된다.

소냐 Sonya

나타샤의 사촌언니. 로스토프가에 얹혀 살며 이들 가족을 위해 헌신하고, 특히 감정 기복이 심한 나타샤의 조언자 역할을 충실히 한다. 니콜라이를 사랑하여 그와 결혼을 약속하지만 니콜라이 부모님의 반대와 자신의 가난한 처지 때문에 그를 떠나보낸다.

로스토프 백작 부부 Count Rostov & Countess Rostova

나타샤와 니콜라이의 부모. 아들 니콜라이의 도박빚을 갚아주고, 끊임없이 연회와 만찬을 벌이느라 재산을 탕진한 로스토프 백작은 집안이 빚더미에 앉고 자식들의 인생도 순탄치 않게 되자 우울증에 빠져 세상을 뜬다. 이에 백작부인은 자식들을 부잣집과 결혼시켜 집안을 일으키고자 한다.

니콜라이 볼콘스키 공작 Prince Nikolay Bolkonsky

안드레이와 마리아의 부친. 공직에서 은퇴한 후 시골에 은둔하여 살아가는데 완고한 성격 탓에 딸 마리아를 냉대하고, 아들 안드레이와 나타샤의 결혼을 반대한다. 전쟁 중 노쇠한 몸으로 딸과 함께 피난을 가던 중 죽음을 맞는다.

CONTENTS

Volume I ························ 14

Volume II ······················ 70

Volume III ····················· 140

Epilogue ······················· 186

명작 우리글로 다시읽기 ············· 194

명작에서 찾은 생활영어 ············· 274

VOLUME

I

Chapters 1-11

*"I feel in my soul that I am part of
this vast harmonious whole.
I feel that beyond me and above me
there are spirits,
and that in this world there is truth."*

Chapter 1

Anna Pavlovna's drawing room was filled with the best of Petersburg society.* Princess* Lise Bolkonskaya had been married to Prince Andrey Bolkonsky during the previous winter and was visibly* pregnant. Prince Vassily Kuragin and his beautiful daughter, Ellen, had stopped by before going on to the ambassador's party. Prince Vassily's son, Ippolit, had arrived with Vicomte* Mortemart who was from one of the best French families. The Abbé* Morio and many others had also come. Among the men, on this July evening in 1805, the main topic of conversation was Napoleon Bonaparte. He had recently invaded Austria and seemed unstoppable in his conquest of Western Europe. If he succeeded in Austria, Russia could be next and people were becoming afraid. Nearly everyone expected Emperor Alexander to dispatch* Russian troops to assist the Austrian army. Napoleon must be defeated and few doubted that the Russian army could do it.

One of the guests was a stout young man with broad shoulders, short hair and spectacles. He was an illegitimate son* of Count* Bezuhov, who now lay dying in Moscow. Pierre had just returned from abroad where he had received his education and this was his first appearance in society. Anna Pavlovna greeted him with the nod she accorded to the lowest hierarchy. In spite of receiving the lowest-grade greeting, he wore a natural expression. She kept an anxious watch on him.

Pierre knew that all the intellectuals of Petersburg were gathered at the party. He expected to hear plenty of clever conversation and wanted to miss none of it. He circulated* among the guests and at last joined the group around Abbé Morio. After a while, Anna Pavlovna saw him speaking eagerly with the Abbé. She disapproved.* She hurried to the rescue and looked sternly* at Pierre. She asked the Abbé how he liked the Russian climate. The Italian's face

---

society 사교계 (사람들)   princess 공작부인   visibly 눈에 띄게   vicomte (프랑스의) 자작   abbé 대수도원장   dispatch (군대를) 파견하다   illegitimate son 서자   count 백작   circulate (모임에서) 부지런히 돌아다니다   disapprove 못마땅하다   sternly (표정이) 무섭게

instantly changed. He assumed* the unnaturally sweet expression he wore when conversing with women.

"I am so enchanted by* the brilliant wit and culture* of the ladies I have met," he said, "that I have given no thought to the climate."

At that moment, another visitor entered the room. It was Prince Andrey Bolkonsky, Princess Lise's husband. He was a very handsome, dark-haired young man of medium height. It was evident that he knew everyone in the drawing room and thought they were all tiresome and boring. Among the people that he found so tedious,* no one seemed to bore him more than his wife. He turned away from her and kissed Anna Pavlovna's hand.

"You are off to the war, Prince?" said Anna Pavlovna.

"Yes," said Andrey. "General Kutuzov has taken me as an aide-de-camp.*"

"And Lise, your wife?" asked Anna Pavlovna.

"She will go to stay with my family in the country," said Andrey.

"Are you not ashamed to take your charming wife away from us?" said Anna Pavlovna.

Prince Andrey screwed up his eyes* and turned away. Pierre came up behind him and took his arm and for a moment, Prince Andrey frowned. But then he saw Pierre and gave him a pleasant smile. At that moment Prince Vassily and his daughter rose to leave. Princess Ellen passed Pierre and Andrey with a radiant smile on her beautiful face. Pierre gazed at her with joyful eyes.

"Very lovely," said Prince Andrey.

"Very," said Pierre.

"And what do you think of the coronation* in Milan?" said Anna Pavlovna when Prince Vassily and Ellen had gone. "Monsieur Bonaparte is sitting on the throne.* I think the whole world has gone mad."

"But the Bourbons fled from the Revolution, leaving the people to anarchy,*" said Pierre. "Napoleon understood the Revolution and suppressed* it. He is a great man because he allowed equality of citizenship and freedom of speech.

---

assume (표정을) 띠다 be enchanted by …에 넋을 잃다 culture 교양
tedious 지루한 aide-de-camp (육·해군의) 부관 screw up one's eyes
눈을 가늘게 오므리다 coronation (국왕의) 대관식, 즉위식 sit on the throne
왕위에 오르다 anarchy 무정부상태 suppress (내란·폭동 등을) 진압하다

That is why he gained power."

"Liberty and equality," said Vicomte Mortemart contemptuously.* "What do they mean? Have people become happier since the Revolution? No! We wanted liberty, but Bonaparte has destroyed it."

The conversation became more heated as Pierre continued to express his admiration for Napoleon. Andrey agreed that Napoleon had done some good although he did not appear to admire him. Eventually, the conversation turned to insignificant small talk and Andrey and Pierre took their leave.*

Chapter 2

It was St. Natalia's day and the birthday of two members of the Rostov family. Both the mother and her youngest daughter were named for the saint. The countess was entertaining an endless stream of visitors* in the drawing room of their big house in Moscow. Her husband, the count, personally* invited each visitor to dinner that evening. In the large dining hall, tables were being set out for eighty guests. The chief topic of interest for all the visitors was Count Bezuhov and his illegitimate son, Pierre. He was his father's favorite. The old count was dying and it was possible that Pierre would inherit his immense fortune.

The Rostovs' latest visitors were about to leave when the drawing room door suddenly flew open. A girl of thirteen ran in. Behind her were two young men wearing uniforms, a girl of fifteen, and a boy of about eight or nine. The young people stopped suddenly in the middle of the room. One of the young men was the countess's son, Nikolay, and the other was his friend, Boris. They had both recently joined the hussars.* The boy was Petya, the countess's youngest child. Sonya was the older of the two girls. She was a slender brunette* who had eyes for* no one but her cousin, Nikolay. The other girl was black-eyed and full of life,* although not

---

contemptuously 경멸조로 take one's leave 작별(인사)하다 endless stream of visitors 끊임없이 계속 모여드는 방문객들 personally 직접 hussar 경기병(말탄 병사) brunette (여성의 머리카락이) 갈색의 have eyes for …에 관심이 있다 full of life 활기가 넘치는

yet pretty. She ran to her mother and hid her face in her shawl and began to laugh.

"This is my youngest girl," said the countess. "It is her birthday too. Her name is Natasha."

Pierre had been in Moscow for a few days. He was staying at his father's house, hoping for a

"This is my youngest girl," said the countess.
"Her name is Natasha."

chance to see him. Prince Vassily, whose wife was Count Bezuhov's legitimate heir,* had arrived a day later. Vassily told Pierre that he would not be allowed to* see his father. Since then, Pierre had spent all of his time in his rooms. When Boris appeared at his door, Pierre did not recognize* him.

"Do you remember me?" asked Boris. "Count Bezuhov is my godfather.* I came with my mother to see the count, but he is not well."

"Yes, people are always disturbing* him," said Pierre, trying to remember who the young man was.

"Count Rostov asks you to come to dinner tonight," said Boris without introducing himself.

"Ah, Count Rostov!" exclaimed* Pierre joyfully. "Then you are his son, Ilya?"

"No," said Boris. "I am Boris, the son of Princess Anna Mihaylovna Drubetskaya. I'm staying at* Rostovs. Count Rostov's name is Ilya and his son is called* Nikolay. Now, will you

---

legitimate heir 법정 상속인 be allowed to ⋯하도록 허락되다 recognize 알아보다 godfather 대부(성사를 받을 때 신앙의 증인으로 세우는 남자 후견인) disturb 걱정을 끼치다 exclaim (흥분하여) 소리치다 stay at ⋯에 머무르다 be called ⋯이라고 불리다

come to the Rostov's for dinner?"

Just then a footman* came in to tell Boris his mother was leaving. Pierre promised to come to dinner, and pressed Boris's hand warmly as he said good-bye.

When Pierre arrived at the Rostovs' house, most of the guests were already there. At the dinner table, Boris sat next to Pierre and opposite Natasha. Pierre spoke little but examined the new faces, and ate a great deal. Natasha looked at Boris as all girls of thirteen look at the boy they love. Nikolay sat beside Julie Karagina and chatted and smiled to her throughout dinner. Sonya sat some distance away and ate very little as she watched them. She wore a polite smile but was evidently tormented by* jealousy.

After dinner, card tables were put out and the older visitors settled down to* play. The young people gathered around the clavichord* and harp. Julie played first. After she had finished, she and the other young ladies begged Natasha and Nikolay to sing something.

"Well, all right," said Natasha. "But Sonya must join us. Where is she?"

Sonya was not in the room so Natasha ran

upstairs to look for her. She found her lying face downward* on the bed. Sonya was sobbing so hard that her shoulders shook.

"Sonya!" said Natasha. "What is it? What is the matter?"

Sonya sat up and began wiping her eyes. "Nikolay is going away to the army in a week's time. I know I shouldn't cry," she said. "But no one understands. If you and Boris want to marry, there are no difficulties. But Nikolay is my cousin and we need permission from the Metropolitan* himself. And your mamma will never allow us to marry. Vera said that he'll marry Julie. You've seen how he's been with her all day."

"Sonya, don't believe her!" said Natasha. "You know my sister, Vera, is spiteful.* Nikolay doesn't care for Julie."

"Do you think so? Really? Truly?" she said, quickly smoothing* her frock* and hair.

"Really, truly!" said Natasha. They both

---

footman (제복을 입은) 하인 be tormented by …로 심한 고통을 받다 settle down to …에 본격적으로 착수하다 clavichord 클라비코드(피아노의 전신) lie face downward 엎드려 눕다 metropolitan 수도 대주교 spiteful 짓궂은 smooth (주름을) 펴다, (머리를) 매만지다 frock (여성용) 드레스

laughed.

"Let's go and sing now," said Natasha and she set off at a run* along the passage.

While Pierre enjoyed the Rostov's hospitality,* Count Bezuhov had a sixth stroke.* The doctors said recovery was impossible. The dying count demanded that Pierre be called to his side and he was sent for. Soon, a carriage containing Pierre and Boris's mother, Anna Mihaylovna, who found it necessary to accompany him, stopped at Count Bezuhov's house. Pierre entered his father's bedroom, followed by Anna Mihaylovna, Prince Vassily and his three female cousins. They watched as the priests administered the sacraments* for the dying old man. Pierre went to his father's side, kissed his hand, and sat beside him for a few minutes.

"He is dozing now," said Anna Mihaylovna. "Let us go."

They went out into the drawing room where tea was being served. After a while, the three cousins and Anna Mihaylovna went back into the count's room. It was not long before* they returned to the drawing room. Anna Mihaylovna approached Pierre with slow, quiet steps.

"Pierre!" she said, and kissed him on his forehead, wetting him with her tears. "Your father is no more.*"

Chapter 3

Andrey's father, Prince Nikolay Bolkonsky, lived at Bald Hills with his daughter, Marya, and her companion, Mademoiselle Bourienne. Unlike her handsome brother, Marya was quite plain,* although her eyes were beautiful. She was devoutly religious* but her father had no patience with her beliefs. He believed that idleness and superstition* were the only two sources of human vice, and activity and intelligence were the only sources of virtue.

Princess Marya had recently received a letter from her best friend, Julie Karagina. Julie's letter was full of the latest news from Moscow. She

---

set off at a run 달리기 시작하다　hospitality 환대　stroke 발작　administer the sacrament 성사를 집전하다　It was not long before 오래지 않아 …했다　be no more 이미 죽다　plain (여자가) 예쁘지 않은　devoutly religious 신앙심이 깊은, 독실한　superstition 미신

wrote that the old Count Bezuhov had died and left nothing to Prince Vassily. The count's son, Pierre had inherited all the property. Vassily had told a friend that he hoped to arrange a marriage* between Marya and his son, Anatoly. It was meant to* be a secret and Julie wondered what Marya thought about it. Marya read Julie's letter with a thoughtful smile. Then she took a sheet of paper and wrote rapidly.

Dearest Julie,

I knew Pierre as a child and admire* his kind heart. But I worry about him now that* he has inherited such a fortune – it is a great responsibility and he is so trusting.* My father has not spoken to me about marriage, but has told me that he is expecting a visit from Prince Vassily. If the Lord's plan for me includes marriage, then I will obey and do my duty to my husband.

May our Lord and the Holy Mother continue to watch over* you.

Marya

Just as she was sealing her letter, a carriage drove up to the front porch. Andrey got out and stood aside as his wife passed into the house before him. They entered the room where Marya sat. Princess Marya looked at her brother sadly.

"So you are really going to the war, Andrey?" she said with a sigh.

"Yes, tomorrow," said Andrey. "Lise needs to rest. Take her to your room and I'll go to Father."

The next day, Andrey left Bald Hills to join his regiment.* Marya went to his room while he finished packing and gave him a parting gift.* It was a small antique* icon* of the Savior* on a fine silver chain. Andrey thanked her and hugged her and said he would wear it always. When his belongings had been loaded onto the carriage, Andrey went to his father's room.

"I wanted to ask you," said Prince Andrey, "if I'm killed and if I have a son, let him grow up with you, please."

---

arrange a marriage 혼담을 성사시키다 be meant to …하기로 되어 있다
admire …을 높이 평가하다 now that …이기 때문에 trusting (사람을) 잘 믿는 watch over …을 돌보다 regiment 연대 parting gift 이별의 선물
antique 오래 된 icon (그리스정교) 성상 the Savior 그리스도

"Not let your wife have him?" said the old man, and laughed. "It's a bad business, eh?"

"What is bad, Father?"

"The wife!" said the old prince, briefly and significantly. "It can't be helped. They're all like that one can't unmarry. Don't be afraid I won't tell anyone, but you know it yourself."

They stood silent, facing one another. The old man's sharp eyes stared into his son's.

"Well, we've said good-bye. Go!" the old man shouted suddenly in a loud, angry voice. He opened the door of his room.

"What is it? What?" asked Marya and Lise when they saw Prince Andrey and his father standing at the door.

Prince Andrey sighed and made no reply. "Well!" he said, turning to his wife. And it sounded as if he were saying, "Now go through your performance."

"Andrey, already!" said Princess Lise, turning pale and looking with dismay* at her husband.

He embraced her. She screamed and fell unconscious on his shoulder.

Chapter 4

In October 1805, a Russian army was occupying the villages and towns of Austria. Other regiments, freshly arrived* from Russia, were camped near the fortress* of Braunau. This was the headquarters* of Kutuzov, the Russian commander-in-chief.* He was inspecting* one of the infantry* regiments that had recently arrived. The men stood proudly as Kutuzov walked through their ranks.* Behind him walked a group of about twenty of his staff officers.* The group included Prince Andrey Bolkonsky. Although Andrey had left Russia only a few weeks ago, he had changed greatly. He was full of energy and his face expressed satisfaction with himself and those around him. Kutuzov had served in the army* with Andrey's father and from the beginning he favored* his old comrade's* son.

---

with dismay 두려워하며 freshly arrived 막 도착한 fortress 요새
headquarters 사령부 commander-in-chief 총사령관 inspect (군대를)
사열하다 infantry 보병 rank 열, 횡렬 staff officer 참모 장교 serve in
the army 군복무하다 favor …에게 호의를 나타내다 comrade 동료

A few hours after Kutuzov had inspected the new troops, a report came in from the front. The Austrians had been beaten and the whole army had surrendered to the French at Ulm. Kutuzov marched with his thirty-five thousand troops toward Vienna to defend it. As they went, they destroyed the bridges over the rivers at Braunau and near Linz. A hundred thousand men under the command of* Bonaparte pursued them. The Russians were short of supplies.* They stopped when overtaken* by the French and fought only long enough to be able to continue their retreat.* But as hard as Kutuzov's men fought, the French continued to gain ground against* them. They were soon weak and exhausted. Kutuzov's only remaining option was to join the forces that were advancing from Russia. It seemed an almost unattainable goal.

At Krems, the Russians halted to wait for the reinforcements* from Russia. On November 1st, Kutuzov received news that if he remained where he was, Napoleon's army would soon surround him. He would be forced to surrender or send his men to certain death. He decided to retreat along the road from Krems to Olmutz and meet the troops arriving from Russia. He sent a battalion* of four thousand led by Prince Bagration across the hills to the Vienna-Znaim road. Bagration was to engage the French army in battle* and delay its advance as long as possible. Meanwhile Kutuzov would march toward Znaim with the rest of the troops. Bagration's battalion marched thirty miles across the hills in one cold, stormy night. The French commander, Murat, met the troops on the Znaim road and thought it was Kutuzov's whole army. He decided to wait for the arrival of the rest of the French troops before crushing the enemy. To delay the battle, he offered a three-day truce* to Bagration. Kutuzov was advised of* the offer and he accepted it so as to gain the time he needed to reach Znaim before the French. But when Bonaparte heard of the proposal, he ordered Murat to break the truce and destroy the Russian army. Napoleon moved his own troops toward the field of battle in case they were needed.

---

under the command of ···의 지휘하에 supplies 군사 보급품 overtake 따라잡다 retreat 후퇴(퇴각) gain ground against ···보다 우세해지다 reinforcements 증원부대 battalion 대대 engage... in battle ···와 교전하다 truce 휴전 협정 be advised of ···을 보고(통지)받다

Andrey, who had been dispatched to the Austrian Emperor with war news, knew nothing of these developments. When he returned from his mission, he was surprised to find that Napoleon was again pursuing the Russians. He wanted to take part in the fighting and requested a transfer* to Prince Bagration's battalion. Kutuzov warned Andrey that the battalion was doomed* but Andrey was insistent so Kutuzov reluctantly let him go. The battle began without warning in the late afternoon. Murat gave the order to commence firing on* the Russians as soon as he received Bonaparte's orders. The battle was chaotic and poorly planned with many casualties* on both sides. As night fell, both armies withdrew.* Next day the French army did not renew their attack, and the remnant* of Bagration's detachment* was reunited with Kutuzov's army.

Chapter 5

Prince Vassily was not a man who deliberately* thought out* his plans. He did not say to himself, "Pierre is a rich man and I am poor so I must entice him to* marry my daughter, Ellen." But he obtained a good position for Pierre in the civil service. Then he insisted that the young man accompany him to Petersburg and stay at his house. He did everything he could to throw Pierre and Ellen together.

Pierre's days were busy and his evenings were taken up with dinners and balls at Prince Vassily's house. Most often he spent time with the prince, his wife, and their daughter, Ellen. Pierre had always thought Ellen was a very beautiful but extremely silly woman. Then one night at a party she turned to him and smiled. She was so close to Pierre that he was conscious

---

transfer (군대) 전속 be doomed (나쁘게) 운명지어져 있다 commence firing on …을 겨냥하여 발포를 개시하다 casualties 사상자 withdraw (군대가) 철수하다 remnant 생존자 detachment (군대의) 파견대 deliberately 계획적으로 think out 궁리해 내다 entice A to B A를 꼬드겨 B하게 하다

of the scent of her perfume, and the creaking of her corset as she moved. He was aware of her body for the first time and at that moment he knew she must become his wife. Nothing else was possible. "There is something nasty* and wrong in the feeling she excites in me," he thought. "I have been told that her brother Anatoly was in love with her and she with him. There was quite a scandal* and that's why he was sent away." But even while he thought of her worthlessness,* he dreamed of how she would be his wife. He did little more than dream, however, and in the end Prince Vassily took matters into his own hands. Three months later Pierre was married and, people believed, the happy possessor of a beautiful wife.

With his daughter's future assured,* Prince Vassily turned his attention to his son, Anatoly. He too must make a good marriage.* With this aim in mind, Vassily wrote to tell Prince Nikolay Bolkonsky that he and his son would soon pay him a visit. Prince Nikolay had always had a poor opinion of* Prince Vassily. Vassily was always drawn toward those richer and more powerful than himself and he had rare skill in seizing the most opportune* moment for making use of* people. Now that he knew Prince Vassily's intentions toward Marya, his low opinion changed into a feeling of contempt. Prince Vassily arrived at Bald Hills with his son, Anatoly, two weeks after his letter. Anatoly regarded this visit to an old man and a rich and ugly heiress with amusement. "Well, why not marry her if she really has so much money?" he thought. "And is she really as hideous* as people say?"

Princess Marya thought of how it might be to have a husband. "But no, it is impossible, I am too ugly," she thought as she went downstairs. Anatoly approached her and bowed over her hand. She felt his soft hand taking hers and saw his beautiful light brown hair, which smelled of pomade. He stood up and she saw how beautiful he was. After tea, Prince Nikolay and Prince Vassily had a private talk.* Vassily announced his hopes for a marriage between Marya and

---

nasty 추잡한   quite a scandal 대단한 추문   worthlessness 하찮음
assure 확실하게 하다   make a good marriage 결혼을 잘하다   have a
poor opinion of …을 좋지 않게 여기다   opportune 시의적절한   make use
of …을 이용하다   hideous 흉측한   have a private talk 은밀히 이야기하다

Anatoly.

"Do you think I will prevent it?" said Prince Nikolay. "What an idea! I will ask Marya tomorrow in your presence.* If she is willing, he can stay on here and I'll see."

Marya was convinced that not only was Anatoly handsome but also kind, brave, and unselfish. "But am I too cold with him?" she thought. "I feel close to him already, but he may think I do not like him." And she tried to be warm and gracious* to her guest, but she was too shy.

"Poor girl, she's so ugly!" thought Anatoly. "But her companion is quite lovely. When we are married, I will insist that Mademoiselle Bourienne live with us." Before retiring for the night,* Anatoly kissed Marya's hand. Then he turned from Marya and kissed the hand of her companion too. This was a serious breach of etiquette.* Although Anatoly said nothing to Mademoiselle Bourienne, she knew that they had taken a first step toward romance. The next morning, they looked for an opportunity to meet alone. When Marya was called to her father's room, they met in the conservatory.*

Prince Nikolay noticed that Anatoly had eyes only for Bourienne. Anatoly meant to flirt with Mademoiselle Bourienne, Princess Marya's self-esteem would be wounded and his point – not to be parted from her – would be gained. "How is it possible that she had not noticed that? If she has no pride for herself she might at least have some for my sake!" he thought. After this thought, Prince Nikolay told Marya about Prince Vassily's proposal.

Marya saw that her father disapproved but she said, "I wish only to do your will, but if I had to express my own desire..."

She had no time to finish. The old prince interrupted her. "That's admirable!" he shouted. "He will take you with your dowry* and take Mademoiselle Bourienne into the bargain.* She'll be the wife, while you..." The prince stopped when he saw the effect these words had on* his daughter. "Now then, I'm only joking!" he said. "Remember that you have the right to

---

in one's presence …의 앞에서 gracious 상냥한 retire for the night 잠자리에 들다 breach of etiquette 결례 conservatory (가옥에 딸린) 온실 dowry 신부의 지참금 take... into the bargain …을 덤으로 가져가다 have an effect on …에 영향을 미치다

choose and your life's happiness depends on* your decision."

Marya staggered out of* the study. Her fate was happily decided, but what her father had said about Mademoiselle Bourienne was dreadful.* How could he think such a thing? As she passed through* the conservatory to her room, she heard the whispering of a voice she recognized. She saw Anatoly embracing her companion. Mademoiselle Bourienne gave a scream and ran away. Anatoly bowed to Marya with a smile and then shrugging his shoulders,* left the room.

An hour later, a servant came to call Marya to her father's room. When she entered, Prince Vassily had a smile of deep satisfaction on his face.* He was certain his son's proposal would be accepted.

"The prince is making a proposition to* you in his son's name," shouted Prince Nikolay. "Do you or do you not wish to be Prince Anatoly Kuragin's wife? Yes, or no?"

"My desire is never to leave you, Father," said Marya. "I don't wish to marry." She looked at Prince Vassily and then at her father with her beautiful eyes.

"My desire is never to leave you, Father,"
said Marya. "I don't wish to marry."

---

depend on …에 달려 있다   stagger out of 비틀거리며 …에서 나가다
dreadful 몹시 불쾌한   pass through …을 가로질러 가다   shrug one's
shoulders 어깨를 으쓱하다   have a smile on one's face 얼굴에 미소를 띠
다   make a proposition to …에게 제안하다

"Humbug!* Nonsense!" cried Prince Bolkonsky, frowning and taking his daughter's hand.

Chapter 6

After being slightly wounded at the battle at Znaim, Nikolay Rostov was promoted from cadet* to officer. He wrote to his parents and told them of his injury and promotion and requested money for an officer's uniform. In mid-November he received a note from Boris, telling him that he had a letter and money for him. Nikolay especially needed money now that the troops were stationed* near Olmutz. The camp swarmed with* sellers offering all sorts of tempting goods. The hussars held many feasts and made frequent visits to a restaurant in Olmutz that had girls as waitresses. And Nikolay had just celebrated his promotion and bought a horse to replace the one killed at Znaim. He was in debt to his comrades as well as the sellers. He found Boris in his quarters* playing chess with his comrades. He and Boris had not met for nearly half a year and both had changed greatly since then. When Boris asked about his injury, Nikolay was too embarrassed to tell the truth. After all, a sprained arm in a fall from a horse wasn't very heroic. His listeners expected to hear how he had charged* the enemy and slashed right and left with his saber.* And so that is what he told them.

The next day, the Russian and Austrian emperors reviewed* their allied army* of eighty thousand men. When the review was over, the officers collected in groups and began to talk. They would advance within the next two days against the enemy under the Emperor's command. All were confident of their victory.

Two days later, Kutuzov, accompanied by his adjutants,* rode behind a column* of riflemen. The enemy troops were already visible on the opposite hill. Prince Andrey saw a column of French troops about five hundred yards below.

Humbug! 바보 같으니, 헛소리 마! cadet 사관후보생 be stationed 주둔하다
swarm with (장소가) …로 북적이다 quarters (군사) 막사 charge (적진에)
돌격하다 saber 기병대의 검 review 열병하다(군대를 정렬시키고 검열함)
allied army 연합군 adjutant 부관 column (군대의) 종대, 열

"Here it is! My turn has come," thought Andrey, and he rode up to Kutuzov. At that instant a cloud of smoke spread all around and firing was heard quite close at hand.* A terrified voice close to Andrey shouted, "Brothers! All's lost!*" Everyone began to run back up the hill. Kutuzov remained in the same place with blood flowing from his cheek. Andrey forced his way to* him and asked if he was wounded.

"The wound is there!" said Kutuzov, pointing to the fleeing soldiers. "Stop them!"

Andrey saw that a Russian artillery battery* on the slope of the hill was still firing. The French were attacking the battery and, seeing Kutuzov, were firing at him. Kutuzov suddenly clutched at his leg. He was wounded again! The second lieutenant* who was holding the flag let it fall from his hands. It swayed and fell and the soldiers began firing at random.

"Oh! Oh! Oh!" groaned Kutuzov despairingly* and looked around. "Bolkonsky!" he whispered.

Before Kutuzov had finished speaking, Andrey had leaped from his horse and picked up the flag. "Forward, lads!*" he shouted as he heard the whistle of bullets* around him.

Andrey ran forward with full confidence that the men would follow him. He had only run a few steps when the whole battalion ran forward and overtook him. A sergeant took the flag from Andrey's hands, but the man was immediately killed. Andrey again seized the flag and ran on with the battalion. Then suddenly it seemed to him as though someone had hit him on the head with a club. "What's this? Am I falling? My legs are giving way,*" he thought, and fell on his back. He opened his eyes, but he saw nothing except the sky above him. "How was it I did not see that sky before?" he thought. "And how happy I am to have found it at last! There is nothing but quiet and peace. Thank God!"

---

close at hand 바로 가까이에 lost 죽은 force one's way to …로 억지로 밀고 나아가다 artillery battery 포(병)대 second lieutenant 소위 despairingly 절망적으로 lad 동료 whistle of bullets 총탄이 휙하고 지나가는 소리 legs give way 다리에 맥이 풀리며 주저앉았다

Chapter 7

Early in 1806, Nikolay Rostov returned home to Moscow on leave.* His comrade Denisov was traveling with him and would stay with him for a few days. When he reached the house, Nikolay ran through the rooms looking for his family. Before he reached the drawing room, he was seen. In a minute, Sonya, Natasha, Petya, Vera, and his mother and father were all hugging him.

Next morning, Nikolay put on his dressing gown* and went out to find his family. Sonya ran away when she saw him, but Natasha led him into the sitting room,* where they began talking.

"Why did Sonya run away?" asked Nikolay.

"Ah, that's a long story!" said Natasha. "Well, Sonya loves you. I heard that you and Sonya made some promises before you went away. But Sonya said you must forget the promises. She will love you always, but wants you to be free."

"I never go back on my word,*" said Nikolay.

"No, no!" cried Natasha, "we knew you'd say

that. But if you feel bound by* your promise, she will hate it. She will feel you are marrying her because you must, not because you want to. That wouldn't do at all.*"

Nikolay saw that they had thought about it deeply. Sonya was a charming girl of sixteen and evidently passionately* in love with him. But there were so many other pleasures and interests he wanted to experience! "Yes, they have made a wise decision," he thought, "I must remain free."

"Well then, that's excellent," he said. "We'll talk it over* later on.* And are you still true to* Boris?"

"Oh, what nonsense!" cried Natasha, laughing. "I don't think about him anymore."

"Then what are you up to now?" said Nikolay.

"Now?" said Natasha with a happy smile. "Have you seen Duport the famous dancer? Well, that's what I'm up to. I'll never marry anyone, but I will be a dancer. I don't want to marry anyone."

---

on leave 휴가로 dressing gown 실내복 sitting room 거실 go back on one's word 약속을 취소하다 bound by …에 속박된 not do at all 전혀 쓸모가 없다 passionately 열렬히 talk... over …에 관해 의논하다 later on 나중에 be true to …에 충실하다

When Nikolay met Sonya later in the drawing room, he blushed. But their eyes met often. Her looks asked his forgiveness for reminding him of his promise, and then thanked him for his love. His looks thanked her for offering him his freedom and told her that he would never stop loving her. When the countess saw their glances, she understood and was relieved. She had feared that their childish affair would prevent Nikolay from making a brilliant match.

Nikolay felt that he had grown up and matured very much. Now he was a lieutenant of hussars and wearing the Cross of St. George, which was awarded to soldiers for bravery in action.* Of Sonya he thought she is just one of many girls in the world. Besides, it seemed to him that spending too much time with women was somehow unmanly.* The races,* gambling, outings* with Denisov were more appropriate for a dashing* young hussar!

Chapter 8

On the third of March, a dinner was held at the English Club in honor of* Prince Bagration. He had become known throughout Russia as the hero of the Austrian campaign* in spite of the Russian defeat. Prince Bagration was distinguished by* the retreat from Austerlitz, where he had beaten back* an enemy force twice as numerous as his own. Nikolay sat at one table with Denisov and Dolohov. Pierre sat across the table from them, beside Prince Nesvitski. As usual, Pierre ate and drank eagerly. But he was gloomy and depressed. The cause of his misery was the anonymous* letter he had received that morning. It told him that his wife was involved with Dolohov. Pierre had already heard rumors about Ellen's affair with Dolohov and he had tried to ignore them. But he knew that Dolohov

---

bravery in action 무공수훈(전투에서의 용맹스러운 행위) unmanly 남자답지 못한 race 경마 outing 외출 dashing 기세등등한 in honor of …에게 경의를 표하여 campaign 군사작전 be distinguished by …으로 이름을 떨치다 beat back …을 격퇴하다 anonymous 익명의

was capable of having an affair with* another man's wife.

When the Emperor's health was drunk to, Pierre, lost in thought, did not stand up or lift his glass.

"Won't you drink to the Emperor's health?" shouted Nikolay.

Pierre stood up with a sigh and drank from his glass. Then he slumped back into his seat.*

"Here's to* the health of beautiful women, and their lovers!" said Dolohov.

With a slight smile, he turned and held up his glass to Pierre. Just then, the footman, who was distributing leaflets with Kutuzov's cantata, laid one before Pierre as one of the principal guests. He was going to take it when Dolohov snatched it from his hand.

"How dare you take it?" he shouted.

Dolohov looked at Pierre with cruel eyes, and that smile of his which seemed to say, "Ah! This is what I like!"

"You shall not have it!" Dolohov said distinctly.

Pale, with quivering lips, Pierre snatched the copy. "You scoundrel!*" he shouted. "I challenge you to a duel!*" As Pierre uttered those words, he felt certain that the rumors about his wife's guilt were true. He hated her and would never live with her again.

Next day, at eight in the morning, Pierre and Nesvitski drove to the Sokolniki forest and found Dolohov, Denisov, and Nikolay already there. Nesvitski had agreed to be Pierre's second and Nikolay was acting as second for* Dolohov. When the sabers were stuck in the snow to mark the barriers, and the pistols were loaded,* Nesvitski went up to Pierre.

"I would not be doing my duty," he said, "if I did not say that there is no reason for this duel."

"Oh yes, it is horribly stupid," said Pierre with a gentle smile. "But that changes nothing." He did not tell Nesvitski that he had never fired a pistol before.

Pierre and Dolohov stood forty paces apart but they could not see each other through the heavy mist. Their seconds had trodden a path in the

---

have an affair with …와 바람을 피우다 slump back into one's seat 다시 의자에 털썩 주저앉다 Here's to...! (건배의 말) …에 행운이 있기를! scoundrel 불한당 challenge... to a duel …에게 결투를 신청하다 act as second for (결투에서) …의 입회자 역할을 하다 load (총에) 장전하다

snow* and they would follow that to the barriers. They could fire whenever they liked as they approached the sabers. Pierre went quickly forward, then glanced toward Dolohov and fired. Dolohov was pressing one hand to his left side while the other clutched his drooping* pistol. His

Dolohov sat up and gathered his remaining strength. He raised his pistol and aimed.

face was pale. He stumbled* to the saber and sank on* the snow beside it. Pierre began running toward him, but Dolohov cried, "To your barrier!" Pierre stopped by his saber. Only ten paces divided them. Dolohov sat up and gathered his remaining strength.* He raised his pistol and aimed.*

"Stand sideways!* Cover* yourself with your pistol!" cried Nesvitski to Pierre.

Pierre, with a gentle smile, stood with his broad chest facing* Dolohov. Denisov, Nikolay, and Nesvitski closed their eyes. At the same instant they heard a shot and Dolohov's angry cry.

"Missed!" shouted Dolohov, and he fell face downward on the snow.

Pierre turned around and went into the forest, muttering. "Folly*... folly! Death... lies..." he repeated. Nesvitski stopped him and took him home. Nikolay and Denisov drove away with the wounded Dolohov.

---

tread a path in the snow 눈을 밟아 길을 내다 drooping 늘어진 stumble 비틀비틀 걷다 sink on …위에 풀썩 주저앉다 gather one's remaining strength 남은 힘을 끌어모으다 aim 총을 겨누다 sideways 옆으로 cover (군사) 엄호하다 face …의 쪽을 향하다 folly 어리석은 행동

That night, Pierre decided to leave for Petersburg the next day. He would leave Ellen a letter informing her of his intention to part from* her forever. But in the morning, Ellen came to his room and woke him.

"So you're a hero, eh?" she said. "What was this duel about? You fool! Dolohov is a better man than you are, but how could you believe he was my lover?"

"Don't speak to me... I beg you," muttered Pierre. "We had better separate.*"

"Separate? Very well, but only if you give me a fortune," said Ellen.

Pierre leaped up and rushed toward her, shouting, "I'll kill you!"

Ellen shrieked* and sprang aside.* Pierre shouted, "Get out!" in such a terrible voice that the whole house heard it. Ellen fled from* the room. A week later Pierre gave her the larger part of his property in Great Russia before he left for Petersburg alone.

Chapter 9

At the Torzhok station on the way to Petersburg, no horses were available.* Pierre did not know how long he would have to wait, and he didn't care. He lay down on a sofa in the waiting room and began to think. He had been struggling with the same thoughts ever since the day after the duel. No matter what he thought about,* he always returned to these same questions. "What is bad? What is good? What should one love and what should one hate? What does one live for? And what am I? What is life, and what is death?" The only answer he could think of was, "You'll die and all will end. All we can know is that we know nothing. And that's the height of human wisdom."

His thoughts were interrupted by the arrival of another traveler. He was a short, large-boned*

---

part from …와 헤어지다 separate 헤어지다, (부부가) 별거하다 shriek 비명을 지르다 spring aside 옆으로 확 비키다 flee from …에서 달아나다 available 사용할 수 있는 no matter what one think about …가 어떤(무슨) 생각을 할지라도 large-boned 뼈대가 큰

old man, with gray bushy eyebrows. Pierre left the sofa and lay down on a bed. The traveler sat down on the sofa, leaned back his big head and looked at Pierre. An old servant began preparing tea in a samovar.* When everything was ready, the stranger moved to the table and filled a tumbler* with tea for himself and one for his servant. The servant handed the man a book and he began to read. All at once, he closed the book, leaned back on the sofa and shut his eyes. Pierre looked at him. The old man opened his eyes and stared straight into Pierre's face. Pierre felt confused and wanted to look away, but the bright old eyes attracted him.

"You are Count Bezuhov, if I am not mistaken," said the stranger. "I have heard of you and of your misfortune. You are young and I am old and I know you are unhappy. I would like to help you if I can. I belong to the Brotherhood of the Freemasons* and in their name* and my own I hold out a brotherly hand to you."

"I am afraid my way of looking at the world is opposed to yours," said Pierre. "I do not believe in God."

"Yes, you do not know Him, my dear sir," said

the Mason. "That is why you are unhappy."

"But what am I to do?" said Pierre.

"You are rich, you are clever and well-educated,*" said the stranger. "And what have you done with all these good gifts? Have you ever thought of your tens of thousands of serfs?* Have you helped them physically and morally? No! You have spent your life in idleness. Then you married and led your wife into* deceit* and misery. A man offended you and you shot him, and you say you do not know God and hate your life. There is nothing strange in that, my dear sir!" The man cleared his throat* and called his servant. When he had packed his things, he turned to Pierre. "Where are you going to now, sir?" he said politely.

"I'm going to Petersburg," answered Pierre, in a hesitant voice. "I agree with all you have said. But do not suppose me to be so bad. With my whole soul I wish to be what you want me to be. Help me, teach me." He could not go on. He

---

samovar 사모바르(러시아의 차 끓이는 주전자) tumbler (밑이 평평한) 큰 컵
Brotherhood of the Freemasons 프리메이슨단(국제적 비밀 결사 단체) in one's name ⋯의 명의로 well-educated 교양이 있는 serf 농노 lead A into B A를 B에 이르게 하다 deceit 기만 clear one's throat 목청을 가다듬다

gulped* and turned away.

The man remained silent for a long time. Then he took out his notebook and wrote a few words on a sheet of paper. He gave it to Pierre and told him to get in touch with* Count Willarski in Petersburg.

When he reached Petersburg Pierre did not let anyone know of his arrival. He spent whole days on his own reading a religious book by Thomas a Kempis, a monk* from Holland. It had been sent to him anonymously. As he read that book he felt a joy he had never known before. A week after his arrival, the young Polish count, Willarski, came to his room one evening.

"A person of very high standing* in our Brotherhood has applied for you to be received into our order,*" he said without sitting down. "He has proposed that I be your sponsor.* I consider it a sacred duty to fulfill that person's wishes. Do you wish to enter the Brotherhood of Freemasons under my sponsorship?"

"Yes, I do wish it," said Pierre.

Willarski bowed his head. "One more question, Count," he said, "which I beg you to answer honestly. Have you rejected your former convictions* – do you believe in God?"

"Yes, I do believe in God," said Pierre.

"In that case we can go," said Willarski. "My carriage is outside."

They entered the courtyard of a large house where the Freemasons had their headquarters. Pierre was blindfolded* before he entered the house.

"Whatever happens to you," said Willarski, "you must bear it all manfully. When you hear a knock at the door, you will uncover your eyes."

He pressed Pierre's hand and went out. When Pierre's blindfold was finally removed after a series of strange and secret rituals, he was a member of the Freemasons. He had embraced* the Freemasons' view of Christianity* and now believed in the power of God. He was determined to learn to love the idea of death as much as he loved life. A week later, he gave a large sum of money to the Masons to be used for charity. Then he went away to his estates.* He

---

gulp 목이 메다 get in touch with …와 연락을 취하다 monk 수도사 a person of high standing 신분이 높은 사람 order 교단 sponsor 대부모 (= godparent) conviction 신념 blindfold …의 눈을 가리다 embrace (사상을) 받아들이다 Christianity 기독교 estate (별장, 정원 등이 있는) 사유지

planned to free his serfs and improve their lives.

Chapter 10

Two months had passed since the news of the battle of Austerlitz and the loss of Andrey reached Bald Hills. His body had not been found and he was not on the list of prisoners. There was still hope that he had survived and was recovering among strangers. The old prince made up his mind that Andrey had been killed. He tried not to change his former way of life, but his strength failed* him. He ate less, slept less, and became weaker every day. Marya hoped and prayed for her brother and awaited news of his return.

It was a wintry* day in March 1806 when Lise felt the first pains of childbirth.* A German doctor from Moscow was sent for and expected that evening. Marya sent men on horseback* to guide the doctor to the house. When she heard a carriage arrive, she ran to meet the newcomer. She was half way down the stairs* when she heard a voice that seemed familiar. "It's Andrey!" she thought. At the very moment she thought this, Andrey appeared at the front door. He was pale and thin with a changed and strangely softened expression on his face. He came up the stairs and embraced his sister. The doctor, who had entered the hall after him, followed him into Princess Lise's room.

Lise lay in her bed supported by pillows. Her eyes, filled with childlike fear, looked at Andrey without changing her expression. "I love you all and have done no harm to anyone.* Why must I suffer so?" her look seemed to say.

Andrey went and kissed her forehead. "My darling!" he said. He had never called her that before. "God is merciful.*"

The pains began again and Marya advised Andrey to leave the room. He sat waiting in the room next to Lise's. Helpless, animal moans came through the door. He began pacing the room. Then he heard a terrible scream. The

---

fail (힘이) 약해지다 wintry 겨울 날씨 같이 찬 pains of childbirth 산통 on horseback 말을 타고 be half way down the stairs 계단의 중간쯤 내려와 있다 do no harm to anyone 아무에게도 해가 되지 않다 merciful 자비로운

scream ceased and he heard the wail* of an infant.* He put his head in his hands and began to sob like a child. The bedroom door opened and he turned to see the doctor come out of the room. The doctor gave him a bewildered look and passed by without saying a word. Andrey went into his wife's room and saw her lying in the same position he had seen her in five minutes before. She was dead. In a corner of the room something red and tiny squealed* in Princess Marya's hands. After saying good-bye to his wife, Andrey went into his father's room. As soon as the door opened, the old man's arms closed around his son's neck. Without a word, he began to sob. Three days later, Princess Lise was buried. Another five days passed before the young Prince Nikolay Andreyevich was baptized.*

The war was flaring up* again and nearing the Russian frontier. The life of old Prince Bolkonsky, Prince Andrey, and Princess Marya changed. The old prince was appointed to* supervise recruitment* for the army throughout Russia. Marya spent most of her days in the nursery,* acting as mother to her little nephew.

The old prince gave Andrey a large estate, Bogucharovo, about twenty-five miles from Bald Hills. When the war recommenced, Andrey decided he would not continue his military service. Instead, he took a post under his father in recruitment. In June 1807, the battle of Friedland was fought and shortly afterward, an armistice was signed.* Russia had entered a time of peace. Because he needed solitude, Andrey began building on the Bogucharovo estate and spent most of his time there.

Chapter 11

Pierre went first to the Kiev province, where he had the greatest number of serfs. He sent for all his stewards* and explained to them his intentions and wishes. He told them that he wished to free his serfs. Until then, he ordered,

---

wail 울부짖는 소리 infant 갓난아기 squeal 길고 높은 소리로 울다 be baptized 세례를 받다 flare up (사건이) 돌발하다, 확 타오르다 be appointed to …에 임명되다 recruitment 신병 모집 nursery 아이방 sign an armistice 휴전협정에 서명하다 steward (가사를 전담하는) 집사

serfs were to be given light labor and women with babies were not to work. Physical punishments* were banned, and hospitals and schools were to be established on all the estates. The chief steward pointed out the necessity of serf labor but Pierre did not agree. In Kiev, he was trying to reform* the human race, and he was generous. In the spring of 1807 he decided to return to Petersburg. On the way he intended to visit all his estates and see for himself* the improved conditions of the serfs.

The estates were each more picturesque* than the other. The serfs seemed to be thriving* and grateful for the benefits Pierre had given them. But what Pierre did not know was that nursing mothers now worked harder on their own land than they had on his. He did not know that the priest took money from the parents of the children he educated. He did not know that the men who built the buildings were working harder than ever and earning less. And so he was delighted with his visit to his estates. "How easy it is and how little effort it needs to do so much good," he thought. The chief steward saw the effect these things had on Pierre. He continued to insist that it was useless to free the serfs, who were quite happy as they were. But Pierre insisted that they be freed. The steward promised to do all in his power to carry out* the count's wishes.

On his way back from his estates, Pierre decided to visit Andrey, whom he had not seen for two years. The homestead* at Bogucharovo now consisted of outhouses,* stables, a bathhouse, a lodge,* and a large half-built brick house. When Andrey came out to meet him, Pierre could not help but notice the change in him. Andrey's words were kindly and there was a smile on his lips, but his eyes were dull and lifeless. They sat down and made small talk for a while. Gradually the conversation settled on their past life and plans for the future. Andrey's unhappiness was even more apparent as he listened to Pierre speak of the past or the future.

"Well," said Pierre eventually, "what are your plans?"

---

physical punishment 체벌 reform …을 교정(矯正)하다 see for oneself 자신이 직접 보다 picturesque 그림같이 아름다운 thriving 번영(번성)하는 carry out 실행에 옮기다 homestead 집과 대지 outhouse 별채 lodge 오두막

"Plans!" repeated Andrey. "My plans? Well, I mean to settle here permanently next year."

Pierre looked silently and searchingly* into Prince Andrey's face.

"I'll tell you what, my dear fellow," said Andrey, "I'm going back to Bald Hills today, and you should come too. We'll go after dinner."

In the evening, Andrey and Pierre got into a carriage and drove to Bald Hills. Pierre knew that Andrey was unhappy, and thought he ought to raise his spirits* somehow. And so he began to explain Freemasonry. He said that Freemasonry is Christianity with an emphasis on equality, brotherhood, and love. They reached a river that had overflowed* its banks and which they had to cross by ferry.* Andrey, leaning his arms on the ferry's railing, gazed silently at the water glittering* in the setting sun.

"Well, what do you think about it?" Pierre asked. "Why are you silent?"

"What do I think about it? I am listening to you," said Andrey. "You say join our brotherhood and learn the meaning of life and the laws which govern the world. But why don't I see what you see? You see goodness and truth on earth, but I don't see it. I see no future for man on this earth."

Pierre interrupted him. "You say you can't see goodness and truth on earth. Nor could I, while I looked on life here as the end of everything. But I feel in my soul that I am part of this vast harmonious whole. I feel that beyond me and above me there are spirits, and that in this world there is truth. That is the future life."

"My dear friend," said Prince Andrey, "you do not convince me. When someone you love is suddenly seized with* pain and suffering and that person ceases to exist* – why? You go hand in hand with someone and all at once that person vanishes into nowhere."

"We live not only today on this earth, but also have lived and will live forever, there," said Pierre, and he pointed to the sky. "If there is a God and future life, there is truth and goodness."

Andrey gazed at the red reflection* of the sun gleaming* on the blue waters. He sighed. "Yes, if

---

searchingly 날카롭게 raise one's spirits …의 기분을 돋우다 overflow …에 넘쳐흐르다 by ferry 나룻배를 타고 glitter 반짝반짝 빛나다 be seized with …에 사로잡히다 cease to exist 존재하지 않다 reflection 반사된 그림자 gleam 희미하게 빛나다

only it were so!" he said. "However, it is time to move on." As he stepped off* the ferry, he looked upward to where Pierre had pointed. For the first time since Austerlitz he saw that high, everlasting* sky he had seen while lying on the battlefield. Something joyful and youthful suddenly awoke* in his soul. His meeting with Pierre became an epoch* in Prince Andrey's life. Though outwardly he continued to live in the same old way, inwardly he began a new life.

---

step off (탈 것에서) 내리다   everlasting 영원히 계속되는   awake (감정이) 깨어나다   epoch 획기적인 사건

VOLUME II

Chapters 12-25

*He believed in the possibility
of goodness and truth,
but clearly saw
the evil and falsehood of life.*

Chapter 12

Prince Andrey had spent two years continuously in the country. He successfully carried out the same things Pierre had attempted* on his estates but had never accomplished. His serfs were liberated and became free agricultural laborers. He paid a priest to teach reading and writing to the children of the peasants and household servants. He spent half his time at Bald Hills and the other half at Bogucharovo. He kept up to date with* what was happening in home and foreign affairs.

In the middle of May 1809, he visited Count Ilya Rostov on business. As he drove up to the Rostovs' country house at Otradnoe, he heard happy girlish cries behind some trees. He looked to the right and saw a group of girls running to cross the path of his carriage. Ahead of the rest ran a slim, dark-haired, pretty girl in a yellow chintz* dress. Suddenly, he felt a pang.* "What is she thinking of?" he thought. "Why is she so happy?"

Count Rostov was glad to see Prince Andrey and insisted that he stay the night. During the day, Andrey repeatedly glanced at Natasha as she laughed with the younger members of the company. Each time he asked himself, "What is she thinking about? Why is she so happy?" That night, he was unable to sleep. He opened the window and looked up at the sky. Then he heard female voices from one of the rooms above him.

"When are you coming to bed?" said a voice.

"I won't, I can't sleep, what's the use?" said a voice he recognized.

The voice came nearer to the window. He heard the rustle* of her dress and her breathing. He dared* not move in case* he betrayed his presence.*

"Sonya! Sonya!" she cried. "Do just come and see the moon! It's so lovely! I feel like flying away!"

"Take care, you'll fall out," said the other voice.

---

attempt 시도하다 keep up to date with …의 시세에 뒤지지 않다 chintz 사라사 무명 feel a pang 격렬한 (마음의) 고통을 느끼다 rustle (살랑살랑) 옷 스치는 소리 dare 감히 …하다 in case …하면 안되므로 betray one's presence …의 존재를 무심코 드러내다

Again all was silent, but Andrey knew she was still sitting there. From time to time he heard a rustle and at times a sigh.

"Oh God! What does it mean?" she suddenly exclaimed, and she slammed the window.

"For her I might as well* not exist!" thought Andrey while he listened to her voice, for some reason expecting yet fearing that she might say something about him. He was suddenly overcome with* youthful thoughts and hopes unlike anything he had felt before.

Next morning, he said good-bye to the count and set off for home while the rest of the household slept. On his return to Bogucharovo, he began to find the country dull and his former activities no longer interested him. And when he thought of Lise, he no longer felt guilty for not having loved her while she lived. He decided to go to Petersburg in the autumn. "Everyone must know me," he thought, "so that my life may not be lived for myself alone."

He arrived in Petersburg in August 1809. By then, France and Russia had become temporary allies, even against Austria, Russia's former ally. Soon after his arrival, he presented himself at court.* A few days later, Andrey had an audience with* the Minister of War who appointed him to the Committee on Army Regulations. While he waited for the official announcement of his appointment, Andrey found he was welcome in all circles. The reforming party welcomed him. He was reputed to be* clever and by freeing his serfs, he had gained the reputation of being a liberal. The old, and those who hated innovations, expected his sympathy because he was the son of his father. The feminine society welcomed him gladly, because he was rich, distinguished* and a good match. There was also a hint of* romance about him because of his supposed* death and the tragic loss of his wife. People who had known him for years thought that he had grown manlier, lost his former pride, and become more serene.*

---

might as well …하는 거나 마찬가지이다 be overcome with …에 사로잡히다 present oneself at court 궁중에서 알현하다 have an audience with …을 알현하다 be reputed to be …이라는 평판이 나 있다 distinguished 유명한 a hint of 조금의 supposed 소문이 난 serene 침착한

Chapter 13

At the end of a year with the Masons, Pierre began to feel dissatisfied with what he was doing. He felt that Russian Freemasonry no longer followed its original principles. And so he went abroad to be initiated into* the higher secrets* of the order. In the summer of 1809, he returned to Petersburg. It was then that he received a letter from his wife, telling him how she wished to devote her whole life to him. Soon after he received this letter, one of the Masonic Brothers came to see him. This man told Pierre that his treatment of his wife was against the principles of Freemasonry, and that he should forgive her. After some thought, Pierre met with Ellen and begged her to forgive him. He settled on the upper floor of the house in Petersburg and felt pleased with what he had done.

The Rostovs had recently moved to Petersburg and Pierre became a frequent visitor to their home. Count Rostov's debts had been increasing year by year and he had come to Petersburg to look for an official post. In December 1809, the Rostovs received an invitation to a New Year's Eve ball and midnight supper. The guest of honor* would be the Emperor Alexander. They felt excited and proud to have been invited.

This was Natasha's first grand ball. She was almost fainting from excitement and trying with all her might to conceal it. When Natasha, her mother and Sonya were waiting in the ballroom for the dancing to begin, Natasha saw Pierre making his way* through the crowd. He had promised to be at the ball and introduce partners to her. But before he reached them, Pierre stopped beside a very handsome man of middle height in a white uniform. Natasha at once recognized the man as Prince Andrey. He seemed to have grown much younger, happier, and better looking since she saw him at their country house. The men began to choose partners and take their places* for the first dance, the polonaise.* The Emperor stood ready with his hostess*

---

be initiated into …의 비법을 전수받다   secrets 신비   guest of honor (연회의) 주빈   make one's way 나아가다   take one's place 자리를 잡다   polonaise 폴로네즈(폴란드의 느린 춤곡)   hostess 여주인

to begin the dance. Natasha had only one thought. "Is it possible no one will ask me? They must know how I long to* dance, how splendidly* I dance, and how they would enjoy dancing with me." She wanted to cry.

Andrey noticed that many of the men seemed

Andrey was one of the best dancers of his day and Natasha danced exquisitely.

embarrassed to dance in the Emperor's presence. And he saw the women who were breathlessly* longing to be asked to dance. Pierre came up to him and caught him by the arm.

"I have a young friend, Natasha Rostova," he said. "Ask her."

"Where is she?" asked Andrey. He followed Pierre to where Natasha stood with her mother and Sonya. The unhappy expression on Natasha's face caught his eye. He recognized her and guessed her feelings. He knew this must be her first ball, and he remembered her conversation at the window. With an expression of* pleasure on his face, he bowed to Countess Rostova.

"Allow me to* introduce you to my daughter," said the countess.

"I have the pleasure of being already acquainted,*" said Prince Andrey. He approached Natasha and asked her to waltz. Natasha's face suddenly brightened into a happy, grateful, childlike smile.

---

long to …을 간절히 바라다 splendidly (재능이) 훌륭하게 breathlessly 마음 졸이며 with an expression of …한 표정을 짓고 allow A to B A가 B 하도록 허락하다 be acquainted 아는 사이이다

Andrey was one of the best dancers of his day and Natasha danced exquisitely.* When he held her in his arms, her youth and charm made him feel refreshed and young again. After Andrey, several other young men asked her to dance and she did not stop all evening. Later, he watched her run lightly across the room to choose two ladies for a dance. "If she goes to her cousin first and then to another lady, she will be my wife," thought Andrey as he watched her. She did go first to her cousin. "What rubbish* sometimes enters one's head!*" he thought. "But she is so charming that it won't be long before she is married."

Chapter 14

The day after the ball, Prince Andrey called at* the Rostovs' house. He wanted to see that original,* eager* girl in her own home. All the Rostov family welcomed him as an old friend. He could not refuse the count's invitation to stay to dinner. After dinner Natasha, at

Andrey's request, went to the clavichord and began singing. As he listened to her, he suddenly felt tears choking him, a thing he had thought impossible. Something new and joyful stirred* in his soul. His soul was as fresh as if he had stepped out of a stuffy* room into God's own fresh air. For the first time in a very long while he began making happy plans for the future. He decided that he must arrange his son's education and find him a tutor.* Then he would go abroad to see England, Switzerland and Italy. "I must use my freedom while I feel so much strength and youth in me," he thought. "While one has life one must live and be happy!"

The next day, he dined again with the Rostovs and spent the rest of the day there. Everyone in the house understood that he had come to see Natasha. The family, as well as the frightened yet happy Natasha, knew that something important was happening. Natasha grew pale when she was alone with him and he seemed shy and

---

exquisitely 더없이 훌륭하게 rubbish 시시한(하찮은) 생각 enter one's head 생각이 미치다(떠오르다) call at …에 들르다 original 신선한 eager 갈망하는 stir (감정이) 끓어오르다 stuffy 숨막히는 tutor 가정 교사

timid* with her. When he left, Natasha told her mother everything she and Andrey had spoken about.

"I feel afraid in his presence," she said. "What does that mean? Does it mean that it's the real thing? Yes, Mamma?"

"My love, I am frightened too," answered her mother.

By now, Natasha believed that she had fallen in love with Andrey the first time she saw him at Otradnoe. The truth was that she had scarcely noticed him.

"Mamma," she asked, "one need not be ashamed of his being a widower?*"

"Not at all. Pray to God, Natasha. Marriages are made in heaven,*" said her mother.

At the same time, Andrey was telling Pierre of his love for Natasha and his desire to marry her. Since the ball, Pierre had felt depressed and had made desperate efforts to combat* it. He had seen how intimate his wife was with the royal prince.* But when Andrey confessed his love for Natasha, Pierre felt only happiness for his friend. He saw that Andrey seemed quite a different, new man. Where was his contempt for life and his disillusionment?*

"I would not have believed anyone who told me that I was capable of such love," said Andrey. "It is not the same feeling that I knew in the past. The whole world is now divided into two halves. One half is where she is and all is joy, hope and light there. The other half, where she is not, is all gloom and darkness."

"Darkness and gloom," said Pierre. "Yes, yes, I understand that."

"I cannot help loving the light. And I am very happy!" said Andrey. "You understand me?"

"Yes, yes," Pierre said, looking at his friend with a sad expression in his eyes. The brighter that Andrey's life appeared to* be, the gloomier seemed his own.

Andrey needed his father's consent* to his marriage so he went to Bald Hills the next day. His father discussed Andrey's request calmly and rationally. In the first place, the marriage was not a brilliant one in terms of* Natasha's birth,

---

timid 자신이 없는 widower 홀아비 be made in heaven 하늘이 맺어주다
combat …에 맞서 싸우다 royal prince 황태자 disillusionment 환멸감
appear to …처럼 보이다 consent 승낙 in terms of …의 관점에서 보면

wealth, or rank.* Secondly, Andrey was no longer young, and his health was poor, while Natasha was very young. Thirdly, Andrey had a son whom it would be a pity to entrust to* such a young girl. "Fourthly and finally," said the old prince, "I beg you to put it off* for a year. Go abroad to a spa and get your health back. Look for a German tutor for Prince Nikolay. Then if your love or passion – or obstinacy* – is still as great, marry! That's my last word on it."

Andrey decided to propose and postpone the wedding for a year as his father wished. When Andrey did not come to the house for a few days, Natasha was miserable. She had no desire to* go out anywhere and she wept secretly at night. The day Andrey returned to Petersburg, he called on Countess Rostov.

"I have come to ask for your daughter's hand,*" he said.

The countess's face flushed. "Your offer is agreeable to* us, and I accept it. But it will depend on Natasha. I will tell her what you have asked and send her to you," said the countess, and left the room.

When Natasha entered the drawing room and

saw him, she paused. "Is it possible that this stranger has now become everything to me?" she thought. "Yes, he is dearer to me than everything in the world."

Andrey came up to her. "I have loved you from the moment I saw you," he said. "May I hope?"

He looked at her and her expression said, "Why doubt what you must know? Why speak, when words cannot express what one feels?" Andrey took her hand and kissed it.

"Do you love me?" he asked.

"Yes, yes!" Natasha murmured* and she began to sob. "Oh, I am so happy!" she replied and then she kissed him.

Prince Andrey looked into her eyes, and suddenly did not feel his former love for her. Something in him had suddenly changed. He felt pity for* her feminine and childish weakness, and fear at her devotion* and trust. His feelings, although not as poetic as before, were stronger and more serious.

---

rank 신분 entrust A to B A를 B에게 맡기다 put... off …을 연기하다 (= postpone) obstinacy 고집 have no desire to …하고 싶지 않다 ask for one's hand (여자에게) 청혼하다 be agreeable to 기꺼이 동의하다 murmur 속삭이다 feel pity for …을 불쌍히 여기다 devotion 헌신(적인 사랑)

"I have promised my father we will wait a year," he said. "You are so young, and I have already been through* so much in life. It will give you time to be sure of yourself. I will go abroad soon and until I return, you are free. Our engagement will be secret, and if you find that you do not love me..."

"Why do you say that? You know that from the very day you first came to Otradnoe I have loved you," she cried, convinced that* she spoke the truth.

Her father and mother came into the room and gave the couple their blessing. From that day, Andrey began to visit the Rostovs' as Natasha's fiancé.*

After their engagement, a more intimate, and natural relationship developed between them. But they rarely spoke of their future life. Andrey was afraid to speak of it. Natasha understood this and she would have been completely happy if the thought of their separation had not terrified her. It was the same for Andrey. The mere thought of* leaving her made him turn pale and cold. On the evening before he left Petersburg, he spoke to Natasha and Sonya about his long friendship with Pierre.

"If you are ever in trouble," he said, "turn to Pierre for help.* He is absent-minded* and sometimes strange, but he has a heart of gold.*"

For several days after Andrey had gone, Natasha sat in her room, taking no interest in anything. But a fortnight after his departure, to the surprise of her family, she became her old self again.

Chapter 15

After Andrey's engagement to Natasha, Pierre felt it impossible to go on living as before. He didn't know why. He had his house and a brilliant wife who now enjoyed the favors of* a royal prince. He was known all over Petersburg and he had a position at court. He was respected and respectable,* but all of this

---

be through …을 겪다 convinced that …라고 확신하여 fiancé (남성) 약혼자 the mere thought of …을 생각만 해도 turn to... for help …에게 도움을 청하다 absent-minded 넋 나간 have a heart of gold 마음씨가 착하다 enjoy the favor of …의 총애를 받다 respectable 존경할 만한

suddenly disgusted him. He avoided the Freemasons, drank a great deal, and began once more to associate with his bachelor friends. To avoid exposing* her to scandal, he went away to Moscow. There he felt at peace and Moscow society welcomed him like a long-expected guest. They thought he was the kindest, most intellectual, and most generous of cranks.* His purse was always empty because it was open to everyone.

After he completed his education, he had longed with all his heart to establish a republic in Russia. He had passionately desired the improvement of the human race. For himself, he had wanted to progress to the highest degree of moral perfection. But instead, he had an unfaithful wife, was fond of eating and drinking and was guilty of occasionally criticizing the government. He still questioned his life. "What is going on in the world?" he would ask himself. "My brother Masons swear they are ready to sacrifice everything for their neighbor, but they do not give a ruble* to the poor. Yesterday a deserter* was flogged* to death and a priest gave him a cross to kiss before his execution.*" He believed in the possibility of goodness and truth, but clearly saw the evil and falsehood of life. He saw no solution to these problems, so he did whatever he could in order to forget them. He immersed himself in society, drank too much, and read everything. He ignored the doctors who warned him that he should not drink because of his obesity.* He had heard that soldiers, when under enemy fire,* do whatever they can to distract themselves from* the danger. He thought that all men were like those soldiers, seeking refuge from* life. Some lost themselves in cards, some in women, some in horses, some in wine, and some in politics. "Nothing is trivial and nothing is important, it's all the same. But one must save oneself from it as best one can," he thought.

At the beginning of winter, Prince Nikolay Bolkonsky and Princess Marya moved to Moscow. The old prince had aged very much that year and was showing signs of senility.* Life

---

expose (비난에 몸을) 드러내다 crank 괴짜 ruble 루블(러시아의 화폐 단위)
deserter 탈영병 flog 매질하다 execution 사형집행 obesity 비만 under enemy fire 적의 포화를(공격을) 받고 distract oneself from …에서 관심을 다른 곳으로 돌리다 seek refuge from …을 피할 곳을 찾다 senility 노망

in Moscow was difficult for Marya. She missed the solitude and peace of the countryside. Her father would not let her go anywhere without him, and his poor health prevented him from going out. She had abandoned any hope of getting married. The old prince rudely dismissed any prospective* suitors* who appeared at their house. She had no real friends and no one to confide in.*

The old prince's increasing intimacy with Mademoiselle Bourienne tormented* Marya more than anything. He had once joked that if Andrey got married, he himself would marry Bourienne. One day he kissed Mademoiselle Bourienne's hand and then embraced her affectionately. Princess Marya flushed and ran out of the room. The next day at dinner, the prince gave orders that Mademoiselle Bourienne should be served first. After dinner, when the footman handed coffee to Marya before serving Mademoiselle Bourienne, the prince suddenly grew furious.

"He doesn't obey and it's your fault!" he screamed at Marya. "Mademoiselle Bourienne is the first person in this house. She's my best friend. Go! Beg her pardon!*"

Marya asked Mademoiselle Bourienne's pardon, and also her father's pardon for herself and the footman. "Father is old and feeble,* and cannot help himself. I should not condemn* him!" she thought.

On his birthday, old Prince Nikolay gave Marya a list of people to invite to dinner that night. Pierre was invited because he was Andrey's friend and because the old prince liked and approved of him. That night after the old prince had gone to bed, only she and Pierre were left alone in the drawing room.

"May I stay a little longer?" he said, settling his stout* body into an armchair* beside her.

"Oh yes," she answered. She looked into his kindly face. "Have you any news of the Rostovs? I am expecting Andrey any day."

"I have heard nothing. What does your father think of the marriage now?" asked Pierre.

Princess Marya shook her head. "In a few

---

prospective 장래의 suitor (남성) 구혼자 confide in …에게 (비밀을) 털어놓다
torment …에게 심한 고통을 주다 beg(ask) one's pardon 용서를 구하다
feeble (정신적으로) 무기력한 condemn …을 비난하다 stout 풍채 당당한, 뚱뚱한 settle one's body into an armchair 안락의자에 몸을 앉히다

Chapter 15 | 89

months the year will be up,*" she said. "It is an impossible match, but I hope to be friends with her. Tell me what sort of girl she is.

"I don't know how to answer your question," he said, blushing without knowing why. "She is enchanting,* but what makes her so I don't know."

Princess Marya sighed. "Is she clever?" she asked.

"I think not," he said. "She is not stupid and she does not try to be clever. She is simply enchanting, and that is all."

Princess Marya again shook her head disapprovingly.* Marya told Pierre that she hoped to become friendly with Natasha as soon as the Rostovs arrived in Moscow. Then she would try to let the old prince get to know her and grow to like her.

Chapter 16

By 1810, Nikolay Rostov had taken over* command of the Pavlograd regiment.

Some years earlier his father had paid off his gambling debts for him. Nikolay knew that his father always struggled to make ends meet* and had borrowed heavily to settle those debts. He had told his father he would never gamble again and he had honored his promise.* In the spring, he received a letter from his mother, written without his father's knowledge.* She wrote that if Nikolay did not take matters in hand,* their property would be sold by auction. The count was so generous and trusting that everybody took advantage of him. She was sure his head steward was cheating him. Things were going from bad to worse. "For God's sake, come at once if you do not wish to make me and the whole family wretched,*" wrote his mother.

A week later, he took leave from his regiment and left for Otradnoe. He found that his father and mother were much the same, only a little older. Occasionally they quarreled, which they had never done before. Sonya was nearly twenty

---

be up (시간이 흘러) 다 끝나다　enchanting 매혹적인　disapprovingly 못마 땅하여　take over (일을) 인계받다　make ends meet 근근이 벌어먹고 살다　honor one's promise 약속을 지키다　without one's knowledge …에게 알리지 않고　matter in hand 당면한 문제　wretched 비참한

and had not changed. Her faithful, unalterable* love pleased him. Petya and Natasha surprised Nikolay the most. Petya was a big handsome boy of thirteen, witty and mischievous, with a voice that was already breaking.* As for Natasha, she had a dignity that he had not seen before. She told him about her romance with Andrey and their engagement.

"I am glad," answered Nikolay. "He is an excellent fellow."

"I was in love with Boris and with my dancing teacher, but this is quite different," said Natasha. "I know that no better man than Andrey exists."

But it seemed to Nikolay that there was something not quite right about this marriage. He asked his mother why the wedding was delayed and found that she also had doubts about the match.

When he visited his father's head steward, Nikolay discovered that his mother had not exaggerated. The family's financial state was worrying and it seemed to him that the steward was dishonest. But when Nikolay attempted to dismiss* the man, his father intervened.* After that, Nikolay took no further part* in any business affairs.

Count Rostov knew he had mismanaged his property but did not know how to remedy* it. He and his wife often talked anxiously about selling the ancestral* Rostov house and estate near Moscow. But Countess Rostov did not blame her husband. She could see only one solution. She had set her sights on* a match between Nikolay and Julie Karagina. The Rostovs had known Julie from childhood, and she was now a wealthy heiress. The countess had already written to Julie's mother suggesting a match and had received a favorable* reply. She tried to discover what Nikolay thought about such a marriage.

Nikolay told his mother that he loved Sonya and wanted to marry her. The countess, who was expecting this, listened to him in silence. Then she told Nikolay that neither she nor his father would agree to such a marriage. Nikolay begged his mother to consent to their marriage. Otherwise he would immediately marry her in

---

unalterable 불변의   break (목소리가) 변성하다   dismiss ⋯을 해고하다
intervene 개입하다   take no part 참여하지 않다   remedy 개선하다
ancestral 조상으로부터 물려받은   set one's sights on ⋯을 목표로 하다
favorable 승낙의

secret. The countess replied coldly that she would never receive Sonya as her daughter-in-law. The kind-hearted countess was more annoyed with* Sonya because that poor niece of hers was so grateful to her benefactors,* and so faithfully and unchangingly in love with Nikolay, that there were no grounds for* finding fault with her.

Nikolay left Otradnoe at the beginning of January to rejoin his regiment. He intended to put his affairs in order* and marry Sonya as soon as he was able. After he had gone, things in the Rostov household were more depressing than ever. The countess fell ill from anxiety. Sonya was unhappy at the separation from Nikolay and upset because the countess treated her so coldly. The count was more upset than ever by his business affairs and knew he had to do something to improve them. Their town house* and estate near Moscow must be sold, and for this they had to go to that city. But because of the countess's poor health, they delayed their departure from day to day. Natasha, who had borne the separation from Andrey cheerfully until now, grew more impatient every day. His letters began to irritate her. Her letters to him became so boring and impersonal* that she felt no need to keep them private.* She even went so far as to* ask her mother to correct her spelling mistakes. At the end of January, it was impossible to put off the journey to Moscow any longer. Natasha's trousseau* had to be ordered and the properties must be sold. So the countess remained in the country, and the count took Sonya and Natasha with him to Moscow.

Chapter 17

In Moscow, Count Rostov, Sonya and Natasha stayed with Marya Dmitrievna, an old friend of their family. The day after they arrived in Moscow, Count Rostov took Natasha to call on Prince Nikolay Bolkonsky. Natasha put on her best gown and was in the highest spirits. "They

---

be annoyed with ⋯로 짜증나다 benefactor 은인 no grounds for ⋯할 이유가 없다 put... in order ⋯을 정돈하다 town house (시골에 본 저택을 가진 귀족의) 도시 저택 impersonal 개인적 감정이 섞이지 않은 keep... private ⋯을 비밀로 하다 go so far as to ⋯까지도 하다 trousseau (신부의) 혼수

can't help liking me," she thought. "Everybody likes me, and I'm ready to be fond of his father and his sister."

When they arrived at the house, they noticed some confusion among the servants. Because the old prince had shouted that he did not wish to see them, that Princess Marya might do so if she chose, but they were not to be admitted to him. At last, an old footman announced that the prince was not receiving visitors, but the princess would see them. The first person to meet the visitors was Mademoiselle Bourienne. She greeted the Rostovs with special politeness and showed them to the princess's room. Marya disliked Natasha as soon as she saw her. She thought her too fashionably dressed, frivolous* and vain.* Count Rostov asked Marya if he could leave Natasha with her while he visited a friend who lived close by. Marya told the count that she would be delighted to entertain Natasha alone and he departed.

Natasha was offended by* the hesitation she had noticed when she arrived. She thought Marya was very plain and insincere* and she did not like her. After five minutes of strained* conversation, the door opened and the old prince came in. He was dressed in a white nightgown* and nightcap, and slippers.

"Ah!" he said. "Countess Rostova, if I am not mistaken. I did not know you had honored us with a visit. I came to see my daughter. Please excuse me." After looking Natasha over from head to foot* he went out.

Marya did not dare to look either at her father or at Natasha. Mademoiselle Bourienne only smiled. She was the first to recover* and began speaking about the prince's illness. Natasha and Marya looked at each other in hostile silence. At that moment she hated Marya, who had spent half an hour with her without once mentioning Andrey. When her visitors were already leaving the room, Marya went up to Natasha.

"Dear Natasha," she said, "I am glad my brother has found happiness."

Marya paused, knowing she was being insincere. Natasha noticed her hesitation and guessed

---

frivolous 경박한 vain 허영심이 강한 be offended by …에 감정이 상하다
insincere 위선의 strained 긴장된 nightgown 잠옷 look... over
from head to foot …을 위아래로 훑어보다 recover (침착을) 되찾다

the reason.

"I think, Princess, it is not convenient to speak of that now," she said with dignity. "What have I said and what have I done?" she thought, as soon as she was out of the room. "What do his father and sister matter to me? I love him. I can't bear this waiting! How can Sonya love Nikolay so calmly and quietly and wait so patiently? I can't!"

That evening the Rostovs went to the Opera,* for which Marya Dmitrievna had taken a private box.* At the Opera, an attendant opened the door of their box for them. The two remarkably pretty girls, Natasha and Sonya, attracted attention. Everybody knew vaguely of her engagement to Prince Andrey. They looked with curiosity at the girl who was making one of the best matches in Russia. Natasha began looking at the faces, some strange and some familiar, in the stalls.* A tall, beautiful woman entered the adjoining* box rustling her heavy silk dress. It was Ellen, Pierre's wife, and Count Rostov, who knew everyone in society, leaned over to greet her. Just then, they heard the last chords* of the overture* and the conductor tapped with his stick. Some latecomers took their seats in the stalls, and the curtain rose.

When all was quiet, a door leading to the stalls on the side nearest the Rostovs' box opened. Natasha saw an exceptionally* handsome man approaching their box. It was Anatoly Kuragin. He was wearing an adjutant's uniform with a shoulder knot.* He walked deliberately* down the carpeted gangway* with his head held high. He looked at Natasha as he approached his sister, Ellen, and nodded to her. Then he leaned forward and said, "She is charming!" evidently referring to* Natasha. Then he took his place in the first row of the stalls.

Chapter 18

When the first act* was over, Anatoly stood chatting with his friend, Dolohov,

---

Opera 오페라 극장 box (극장의) 박스석, 칸막이석 stall (극장의) 1층 앞쪽의 특석 adjoining 인접한 chord 가락 overture (음악) 서곡 exceptionally 대단히 shoulder knot 견장 deliberately 고의적으로 gangway (극장의) 좌석 사이 통로 refer to …에 대해 언급하다 act (공연의) 막

in front of the orchestra. He looked steadily* at the Rostovs' box and Natasha knew he was talking about her. For some reason, this made her feel very happy. During the next act, every time Natasha looked toward the stalls, she saw Anatoly Kuragin staring at her. At the next intermission,* Ellen asked Count Rostov if Natasha would sit with her during the next act and

Anatoly never took his smiling eyes from Natasha.

Natasha happily agreed. Soon after Natasha entered Ellen's box, the door opened, and Anatoly came in.

"Let me introduce my brother to you," said Ellen.

Natasha turned toward the elegant young officer and smiled at him over her bare* shoulder. Anatoly sat down beside her and never took his smiling eyes from* her. When she turned away, she was afraid he might seize her and kiss her. They began to speak of ordinary* things. She asked how he liked being in Moscow.

"At first I didn't like it much," he said. "But now I like it very much indeed."

Natasha did not know what to say.

When they were leaving the theater, Anatoly came to help them into their carriage. As he was helping Natasha in, he pressed her arm above the elbow. She turned around and saw him looking at her and smiling tenderly.* After she had reached home Natasha suddenly remembered

---

steadily 끊임없이 intermission (극장의) 막간, 휴식 시간 bare 살이 드러난, (부분적으로) 옷을 입지 않은 take one's eyes from …에서 눈을 떼다 ordinary 일상의 tenderly 부드럽게

Andrey and was horrified.* "Oh God!" she said to herself. "How could I let him flirt with* me? But I didn't lead him on* at all." Although nothing had happened, she felt that the purity of her love for Andrey was destroyed. She remembered her whole conversation with Anatoly and his tender smile when he pressed her arm.

Anatoly was staying in Moscow because his father had sent him away from Petersburg. He had been running up debts there, and his creditors* had demanded payment. His father agreed to pay his debts, but he insisted that Anatoly go to Moscow and try to make a good match. Anatoly went to Moscow, where he stayed at Pierre's house. There was talk* of his affairs with some ladies, and he flirted with a few of them at the balls. But he did not run after* unmarried girls. There was a secret reason for this. When he was with his regiment in Poland, a Polish landowner had forced him to* marry his daughter. Anatoly had soon abandoned his wife, for a payment which he agreed to send to his father-in-law, and now passed himself off as a bachelor.* But he was not free to marry.

A few days later, Ellen arrived at the Rostovs'

to ask them to attend a recital* at her house that evening. Anatoly had asked Ellen to invite Natasha. Count Rostov knew the kind of company Ellen kept* and would have preferred to decline the invitation. When the girls insisted, he decided to let them leave as soon as the performance was over. Anatoly was at the door, waiting for the Rostovs. Immediately after greeting the count he went up to Natasha. The count noticed this. Anatoly was about to sit down beside Natasha, but the count took the seat himself. Anatoly sat down behind her and Natasha felt him watching her throughout the performance. After it was over, the count wanted to go home, but Ellen begged him not leave before the dancing. Anatoly asked Natasha for a waltz and as they danced he told her she was bewitching* and that he loved her. Natasha looked at him with frightened eyes.

Later, Ellen took her to a little sitting room. Anatoly was there, waiting for her. Ellen left

---

be horrified 겁에 질리다 flirt with …에게 치근대다 lead... on …을 꾀어내다
creditor 채권자 talk 소문 run after …의 꽁무니를 따라다니다 force A to B 강제로 A에게 B하도록 하다 pass oneself off as a bachelor 총각 행세를 하다 recital 연주회 keep company 어울리다 bewitching 매력적인

them alone, and Anatoly took her hand.

"Is it possible that I will never see you alone?" he said tenderly. "I love you madly."

He pressed his burning lips to hers, and then released her as they heard steps approaching the room. Natasha, blushing and trembling with fright, moved toward the door. She left with her father and Sonya without staying for supper. That night, she did not sleep a wink.* She remembered clearly how deeply she loved Andrey. But she also loved Anatoly. "Otherwise, how could all this have happened?" she thought. "I must have loved him from the first moment I saw him. I cannot help loving him. What am I to do if I love him and Andrey too? Must I choose between them?" She had no answers to these questions.

After breakfast next day, Marya Dmitrievna called Natasha and the count to her. She advised them to go back to Otradnoe and wait for Prince Andrey there. When she had finished speaking, she handed Natasha a letter from Marya. Natasha went to her bedroom to read it. Marya asked Natasha to fix a time* when she could see her again. She said she only wanted her brother's happiness and would come to love anyone he chose for a wife. After reading the letter, Natasha recalled her love for Andrey but at the same time remembered every detail of* yesterday's meeting with Anatoly. "If I could love both of them, I would be completely happy," she thought. "But I have to choose, and I can't be happy without either of them."

Just then a maid entered the room and handed Natasha an envelope. With trembling hands, Natasha opened the letter from Anatoly and began reading the passionate words. "Since yesterday evening my fate has been sealed.* I must be loved by you or die. There is no other way for me," the letter began. Then he went on to* say that he knew her parents would not give her to him. But if she loved him she need only say yes, and no one would stop them being together. Love would conquer* all. "Yes, yes! I love him!" thought Natasha. She did not know that Dolohov had composed the letter or that Anatoly wanted

---

not sleep a wink 한숨도 자지 않다   fix a time 시간을 정하다   **every detail of** …을 남김없이   seal (운명 등을) 정하다   go on to 계속해서 …하다
conquer (곤란을) 극복하다

only to seduce* her. That evening, Marya Dmitrievna went visiting and took Sonya with her. Natasha was expected to accompany* them, but she said she had a headache and remained at home.

Chapter 19

Sonya went to Natasha's room when she returned that evening. Natasha was still dressed and sound asleep* on the sofa. On the table beside her lay Anatoly's letter. Sonya picked it up and read it. Then she sat down in an armchair and burst into tears.* "Natasha can't love him!" she thought. "She could not do such a thing!" Just then, Natasha awoke and saw Sonya.

"Ah, you're back?" she said. She looked at the letter on the table. "Sonya, you've read it?"

"Yes," answered Sonya softly.

Natasha smiled. "Sonya, I can't hide it from* you any longer!" she said. "We love each other!"

Sonya stared at Natasha, unable to believe her ears. "I don't understand," said Sonya. "How can you have loved Andrey for a whole year and now say you love someone else? You have seen Anatoly only two or three times! To forget about Andrey in just three days..."

"Three days?" said Natasha. "It seems to me I've loved Anatoly a hundred years. I have heard that true love happens like this. As soon as I saw him I felt he was my master and I his slave. Whatever he orders, I will do."

"What has happened between you?" asked Sonya. "Why doesn't he come to the house? Why doesn't he openly ask for your hand? Natasha, have you considered what these secret reasons can be?"

Natasha looked at Sonya with astonishment. "I don't know what the reasons are," she said. "But I can't doubt him! I can't, I can't!"

"Does he love you?" said Sonya. "What if he is dishonorable?[*]"

"Dishonorable? If you only knew him!" exclaimed Natasha.

---

seduce (부녀자를) 유혹하다   accompany …와 동행하다   be sound asleep 깊이 잠들어 있다   burst into tears 와락 울음을 터뜨리다   hide A from B A를 B에게 숨기다   dishonorable 부도덕한

"If he is an honorable man he should either speak to your father about his intentions* or stop seeing you. I will write to him, and I will tell Papa!" said Sonya.

"But I can't live without him!" cried Natasha. "I don't want or love anyone but him. Go away, Sonya! I don't want to quarrel with* you."

Sonya burst into tears and ran from the room. Natasha immediately went to the table and wrote an answer to Marya's letter. She told Marya to forgive her but she would not see her again and she could not be Andrey's wife.

On Wednesday, Count Rostov went to his estate near Moscow with the prospective purchaser. That evening, Sonya and Natasha attended a dinner party with Marya Dmitrievna. Natasha again met Anatoly, and Sonya noticed that she spoke quietly to him all through dinner. When they got home Sonya asked Natasha for an explanation.*

"Well, what did he say?" she asked. "Natasha, tell me everything – the whole truth."

"Oh, Sonya, if you knew him as I do!" said Natasha. "He was glad I was free to refuse Andrey."

"But you haven't refused Andrey, have you?" said Sonya.

"Perhaps I have," said Natasha. "Perhaps all is over between me and Andrey."

"I don't understand this," said Sonya. "And I don't trust him, Natasha. Why this secrecy?* I am afraid you're going to your ruin.*"

"And I'll go to my ruin, I will, as soon as possible!" said Natasha angrily. "It's not your business! Leave me alone!" And she ran out of the room.

Natasha did not speak to Sonya again and avoided her but Sonya did not let her out of her sight.* The day before their father was to return, Sonya noticed that Natasha sat by the drawing room window all morning. It seemed as if she were expecting something. Sonya saw her make a sign to* an officer who passed by and she guessed it was Anatoly. After tea, she noticed a housemaid carrying a letter to Natasha's room. Suddenly it became clear to Sonya that Natasha

---

intentions 결혼할 의사 quarrel with …와 다투다 ask... for an explanation …에게 설명을 요구하다 secrecy 비밀 go to one's ruin 파멸하다 out of one's sight …에게 보이지 않는 make a sign to …에게 신호하다

had some dreadful plan for that evening. "She means to elope with* him!" thought Sonya. "Should I send a note to Pierre, as Andrey asked me to do in case of any trouble? But perhaps she has already refused Andrey. Well, I'll hold her back* by force* if I have to. I will not let the family be disgraced."

Anatoly's plan for Natasha's abduction* had been arranged a few days before with Dolohov. Natasha had promised to meet Anatoly at the back porch at ten that evening. He would have a carriage waiting and drive her to the village of Kamenka. There, an unfrocked* priest was waiting to perform a marriage ceremony. After the fake* wedding ceremony, they would go abroad. Anatoly had a passport and money borrowed from his sister and Dolohov. Although Dolohov had helped Anatoly with his preparations, he tried to persuade him to call it off.*

"I helped you, but I must be honest with you," he said. "It's stupid and dangerous. It will come out* that you're already married. And when the money's gone, what then?"

"What then?" repeated Anatoly, who had not thought about the future. "I don't know. But why talk nonsense!" He glanced at his watch. "It's time to go!"

Chapter 20

When they reached Marya Dmitrievna's house, Dolohov whistled and a maidservant ran out.

"Come into the courtyard or you'll be seen," she said. "She'll come out in a moment."

Dolohov stayed with the carriage by the gate. Anatoly followed the maid up into the front porch where Marya Dmitrievna's gigantic* footman, Gabriel, was waiting.

"Come to the mistress, please," said Gabriel in his deep voice.*

"Who are you?" asked Anatoly in a whisper.

"Kindly step inside. My orders are to bring you inside," said Gabriel.

---

elope with ···와 눈이 맞아 함께 달아나다 hold... back ···을 말리다 by force 강제로, 힘으로 abduction 유괴 unfrocked 성직에서 해직된 fake 위장의 call... off (약속 등을) 취소하다 come out 알려지다 gigantic 거대한 deep voice 굵고 낮은 목소리

"Anatoly! Come back!" shouted Dolohov. "We are betrayed! Come back!"

Dolohov was struggling with the yard porter[*] who was trying to lock the gate. With a last desperate effort, Dolohov pushed the porter aside. Anatoly rushed back through the gate, and the two men ran to the carriage and drove away.

Earlier that evening, Marya Dmitrievna had found Sonya weeping in the corridor and made her confess everything. After she heard the whole story, Marya Dmitrievna immediately locked Natasha in her room. Then she told the yard porter to expect two men to arrive shortly. He was to let them in, but lock the gate after them so they could not leave. She gave her orders to Gabriel and then she sat in the drawing room to wait for the abductors. When Gabriel came to inform her that the men had run away, she went to Natasha's room. Natasha was lying on the sofa with her head turned toward the wall, sobbing.

"Listen to me!" said Marya Dmitrievna. "You've disgraced yourself[*] like the lowest of hussies,[*] but I'm sorry for your father, so I will conceal it."

"Oh, let me be!* I shall die!" cried Natasha. "Why have you interfered?* Why? Why? Who asked you to?" Then she burst into sobs* again.

The next day, Count Rostov returned in very good spirits. The business with the purchaser of his house was going well. Marya Dmitrievna told him that Natasha had been very unwell the day before. Natasha did not leave her room all day. She sat at the window watching the people who drove past. Whenever anyone entered the room, she quickly glanced around as if expecting something or someone. When he saw Natasha, the count knew that something serious had happened to her during his absence, but he asked no questions. He was only dissatisfied that her condition was delaying their return to the country.

A few days later, Pierre received a letter from Marya Dmitrievna. She asked him to come and see her on an important matter relating to Andrey Bolkonsky and his fiancée.* Pierre had been avoiding Natasha recently. He thought that

---

yard porter 문지기 disgrace oneself 망신을 당하다 hussy 닳고닳은 여자 let... be …을 내버려두다 interfere 간섭하다 burst into sobs 갑자기 흐느껴 울다 fiancée 약혼녀

his feeling for her was stronger than a married man's should be for his friend's fiancée. Marya Dmitrievna swore him to secrecy* and then told him all she knew. Pierre was scarcely able to believe his ears. That Natasha Rostova would give up Andrey Bolkonsky and that she would agree to run away with* Anatoly who Pierre knew was already married. He had thought Natasha charming and naive,* but now she seemed cruel and foolish. He thought of his wife. "Women are all alike!" he thought.

"But they could not marry," said Pierre. "He is already married!"

"Things get worse from hour to hour!*" said Marya Dmitrievna. "What a scoundrel! And she's been expecting him since yesterday. She must be told!"

Marya Dmitrievna told Pierre that Count Rostov knew nothing of the planned elopement. She asked Pierre to tell Anatoly to leave Moscow and never return. Pierre promised to do as she wished.

Chapter 21

Pierre left Marya Dmitrievna's and drove through the town looking for Anatoly. When he returned home, he found him with Ellen.

"Anatoly, come with me! I must speak to you," said Pierre.

Anatoly followed him with his usual confident step but his face betrayed anxiety. After entering his study, Pierre closed the door and spoke to Anatoly without looking at him.

"I won't be violent, don't be afraid!" said Pierre. "You must leave Moscow and never breathe a word about* what happened between you and Natasha."

The next day, after receiving a large sum of money* from Pierre, Anatoly left for Petersburg. Pierre drove to Marya Dmitrievna's to tell her

---

swear... to secrecy …에게 비밀을 지킬 것을 맹세하게 하다 run away with …와 사랑의 도피행을 하다(= elope with) naive 순진한 from hour to hour 시시각각으로 not breathe a word about …에 대해 입도 벙긋하지 않다 a large sum of money 거액의 돈

that Anatoly had gone. He found the whole house in a state of* alarm and commotion.* After she had been told that Anatoly was married, Natasha had swallowed some poison. But she had been so frightened that she woke Sonya and told her what she had done. The antidote* had been administered* in time. She was now out of danger, although very ill.

Some days after Anatoly's departure, Pierre received a note from Andrey. He had arrived in Moscow and wanted Pierre to come to see him. He knew that Natasha had broken their engagement and had heard of the attempted elopement.* Pierre expected to find him as upset as Natasha and was surprised to find him in good spirits.

"I have received a refusal from Countess Rostova," said Andrey. "And I have heard that your brother-in-law has sought her hand. Is that true?"

"Both true and untrue..." Pierre began, but Andrey interrupted him.

"Here are her letters and her portrait," he said. "Give this to her, if you see her." He took a packet from the table and handed it to Pierre.

"She is very ill," said Pierre.

"Then she is here still?" said Prince Andrey. "And Anatoly Kuragin?"

"He left long ago," said Pierre. "She has been at death's door.*"

"I much regret her illness," said Prince Andrey with a cold, malicious* smile.

Pierre took the packet. "Do you remember that you once said that a fallen* woman should be forgiven?" he said.

"Yes," said Andrey. "But I didn't say that I could forgive her. I cannot."

That same evening Pierre went to the Rostovs' to deliver the packet to Natasha. She was in bed. Pierre gave the letters to Sonya and went to tell Marya Dmitrievna how Andrey had taken the news. Ten minutes later, Sonya came to say that Natasha was waiting in the drawing room to see Pierre. Pierre hurried to her. She stood in front of him, breathing heavily.*

"Pierre," she began rapidly, "Prince Andrey told me once to come to you in times of

---

in a state of …한 상태의 commotion 소란 antidote 해독제 administer (약을) 복용하다 attempted elopement 미수에 그친 애정 도피 행각 at death's door 위독한 malicious 악의가 있는 fallen 타락한 heavily 힘에 겨운 듯이

trouble.*"

Pierre looked at her, but did not speak. He had tried to despise* her, but he now felt only sorrow for her.

"Tell him to for... forgive me!" She stopped and breathed still more quickly, but did not cry.

"Yes, I will tell him," answered Pierre. "But..."

"I know it is over," she said hurriedly. "But I am tormented by what I have done to him." She

She began to cry and feelings of pity and love welled up in Pierre.

trembled all over* and sat down on a chair.

A sense of pity he had never before known overflowed Pierre's heart.* "I will tell him everything once more," said Pierre. "But... I would like to know one thing... Did you love... did you love that bad man?" asked Pierre.

"Don't call him bad!" said Natasha. "But I don't know. I don't know."

She began to cry and feelings of pity and love welled up* in Pierre. He felt the tears trickle* under his spectacles and hoped they would not be noticed.

"We won't speak of it any more," said Pierre. "I'll tell him everything. And please consider me your friend. If you want help, advice, or simply to open your heart to* someone – not now, but when your mind is clearer – think of me!" He took her hand and kissed it.

"Don't speak to me like that. I am not worth it!" exclaimed Natasha.

She turned to leave the room, but Pierre held

---

in times of trouble 어려울 때 despise 경멸하다 tremble all over 온몸을 떨다 overflow one's heart 감정으로 충만하다 well up 솟아나다 trickle 똑똑 떨어지다 open one's heart to …에게 마음을 터놓다

her hand. He knew he had something more to say to her, but when he spoke, he was amazed at his own words.

"Stop, stop! You have your whole life before you," he said.

"Before me? No! All is over for me," she replied.

"All over?" he repeated. "If I were the handsomest, best and cleverest man in the world and free, I would this moment ask for your hand and your love!"

Natasha, weeping tears of gratitude, glanced quickly at him before leaving the room.

Chapter 22

On the twelfth of June 1812, Napoleon's forces crossed the Russian frontier.* The diplomats still firmly believed in the possibility of peace. Napoleon had written a letter to Emperor Alexander, assuring him that he did not want war and would always love and honor him. But, at the same time, he set off to join his army and ordered the movement of his troops to the east. Meanwhile, Emperor Alexander was in Vilna reviewing* troops and holding maneuvers.* Nothing was ready for the war that everyone expected. There was no general plan of action. There was no supreme commander* of all the forces, and the Emperor did not assume that responsibility.* The longer he remained in Vilna the less anyone did to prepare for war.

When Alexander received the news of the French army's invasion, he wrote to Napoleon. He dispatched General Balashev to find Napoleon and deliver the letter. The general was to tell Napoleon that there could be no peace as long as a single armed enemy remained on Russian soil. It was four days before Balashev was able to see Napoleon. He was held up by* Napoleon's aides-de-camp and forced to travel with the baggage wagons. During that time, the French army moved into and occupied* the whole district surrounding Vilna. Balashev was

---

frontier 국경 (지방) review 열병하다(군대를 정렬시켜 검열함) hold maneuvers 군사 기동 훈련을 하다 supreme commander 최고 사령관 assume the responsibility 책임을 떠맡다 be held up by …에게 저지당하다 occupy (군대가) 점령하다

finally brought to meet Napoleon through the same gate by which he had left the town four days before.

"A demand to retreat beyond the Vistula and Oder may not be made to me!" Napoleon cried when he read the letter. "If you gave me Petersburg and Moscow I could not accept such conditions. You say I have begun this war! But who first assembled* his army? It was the Emperor Alexander, not I!" he said. He paused and took from his pocket a gold snuffbox,* and sniffed at it. "Tell your Emperor that if you stir up Prussia against* me, I'll wipe it off* the map of Europe!" he continued, "I will throw you back beyond the Dvina and beyond the Dnieper. That is what you have gained by alienating* me!"

Balashev carried a letter from Napoleon back to Alexander. It was the last time Napoleon communicated with the Russian Emperor. The war began.

In Petersburg, Andrey met Kutuzov, his former commander, who suggested that Andrey accompany him to Moldavia. So Andrey, having received an appointment* on the headquarters staff, left for Turkey. In a new country, he found life easier to bear. But when news of the war reached him, Andrey asked Kutuzov to transfer him to the western army in Russia. Kutuzov let him go but before joining the western forces, Andrey visited Bald Hills. During his stay there, he felt like an unwelcome guest. He fought with his father about the old man's poor treatment of Marya and favoritism* toward Mademoiselle Bourienne. The old prince would not listen and became very angry. He told Andrey to leave and never come back. Marya persuaded him to stay another day and mend* the quarrel with his father. But Andrey said that the longer he stayed the worse their difference would become.

"Remember that misfortunes come from God, and men are never to blame," said Marya when he took leave of her.

"Then it must be so!" thought Andrey as he drove away. "She is being victimized by an old man who has outlived his wits.* The old man feels he is guilty but cannot change himself. And

---

assemble …을 소집하다 snuffbox 코담뱃갑 stir up A against B A를 선동하여 B에 대항하게 하다 wipe A off B B에서 A를 파괴하다 alienate …을 소외시키다 receive an appointment 임명되다 favoritism 편애 mend (잘못을) 바로잡다 outlive one's wits 오래 살아서 제정신을 잃다(노망이 나다)

I am off to the army. Why? I don't know."

Andrey reached the general headquarters of the army at the end of June 1812. Emperor Alexander, with the first army, was at Drissa. The second army was in retreat, trying to join the first, but was cut off by large French forces. However, no one thought the war would extend farther than the western provinces. While Andrey was living at Drissa, some of the generals wrote a letter to the Emperor respectfully suggesting that he leave the army. They said that arousing* the people to defend their country required the Emperor's personal presence in Moscow. Alexander accepted this as a pretext for* quitting the army that he never wanted to lead.

Chapter 23

From the night Pierre saw Natasha he had thought of nothing and no one but her. All his old questions about the meaning of life disappeared. Whatever problem he was presented with,* he said to himself, "What does that matter? She smiled at me yesterday and asked me to come again. And I love her." His soul then felt calm and peaceful. Pierre continued to visit the Rostovs' house regularly. Natasha still slept little and ate little and her spirits were low. The doctors said she would not improve without medical treatment, so the Rostovs did not move to the country that summer of 1812. But the real cause of Natasha's illness was her hurt feelings. Gradually, however, as her grief faded, she began to recover. Once, she had been carefree and happy, quickly falling in love with man after man with childlike innocence. Now she never laughed or sang and always looked sad. She took comfort only in* Pierre's visits and his caring company* and the slowly developing love between them.

The war was not going well for the Russians, and rumors that only a miracle could save the country swept* Moscow. The Emperor appealed

---

arouse (사람을) 분기시키다　as a pretext for ⋯할 구실(핑계)로　be presented with ⋯와 직면하다　take comfort in ⋯을 낙으로 삼다　caring company 곁에서 돌보아 줌　sweep 휩쓸다

to the noblemen* of the country for aid and a conference was arranged.* Pierre spoke to the conference and suggested that a strategy for winning the war would be more effective* than financial aid.* But the noblemen's patriotism had overcome their powers of reason. They each promised to equip* ten men for the army out of every thousand of their serfs. After listening to the Emperor, Pierre, too, was swept away by* patriotic emotion and felt ashamed of his speech. He promised that he would give a thousand men and pay for their maintenance.* The next day the Emperor left Moscow. The noblemen gave orders to their stewards about the enlistment* of their serfs in the army. When they returned alone to their homes, most were amazed at what they had done. For months, Count Rostov had refused to allow Petya, his youngest son, to join the army. He knew the countess would never forgive him if he let the fifteen-year old boy enlist. But, at the conference, the count was as carried away by patriotism as the other noblemen. He immediately agreed to Petya's request and went himself to enlist his son in the army.

Chapter 24

Before long, the Russian army was in retreat before the overwhelming* forces of the French. Andrey wrote to his father and sister, telling them that they must flee to Moscow immediately. The French were said to have already entered Vitebsk, and in four days they could be at Smolensk. Bald Hills lay forty miles east of Smolensk. At first, the old prince refused to believe there was any danger. He was ill and often confused the past and the present. Marya sent a letter to the Provincial Governor* at Smolensk, asking him if Bald Hills was in danger. Their head steward returned with a letter from the governor. He advised the Bolkonskys to leave for Moscow at once if the old prince's health was poor. But he assured her that Smolensk was not in the slightest danger. The

---

nobleman 귀족 arrange a conference 회의를 주선하다 effective 효과적인 financial aid 재정 지원 equip …에 필요물을 갖춰주다 be swept away by …에 휩쓸려 가다 maintenance 유지비 enlistment 입대 overwhelming 압도적인 provincial governor 주지사

steward knew this was a lie. He had seen the panic* in the streets of Smolensk and heard the sounds of gunfire on the outskirts of* the city. Russian troops were retreating from the city, followed by the enemy.

The regiment Andrey commanded was among those retreating from Smolensk. A few days earlier, he had received word that his family were moving to Moscow. The burning of Smolensk and its abandonment had angered him. He thought it should have been defended. Now the thought of Bald Hills being burned and pillaged* depressed him. On the tenth of August, his regiment was marching along the highroad* past the avenue* leading to Bald Hills. He left his men and rode to the estate where he had been born and spent his childhood. The ruined fields and empty house deeply moved him. His head steward told him that everything precious and valuable had been removed to Bogucharovo. The peasants were ruined. Some of them had gone to Bogucharovo and only a few remained at Bald Hills. As he rode off to rejoin his regiment, Andrey was sure his family were by now safely settled in* Moscow. No one told him that they had stopped at Bogucharovo on their way to Moscow because his father was too ill to travel any further. And he had no way of knowing that his father had died at Bogucharovo soon after arriving there.

After the old prince's funeral, Marya found that the peasants were starving. She offered them the grain stored at Bogucharovo and urged them to leave with her. They refused her offer because they believed the French would not harm them. Mademoiselle Bourienne told Marya that she had heard that the French authorities* would protect them too. Marya was terrified at the thought of falling into the hands of the enemy. But she was told that there were no horses and no carriages to transport her out of danger. She was unable to leave Bogucharovo.

On the seventeenth of August, Nikolay Rostov left his quarters at Yankovo, ten miles from Bogucharovo. He was now a captain* and leading his own squadron.* On this trip, he took only

---

panic 공포 on the outskirts of ···의 외곽에 pillage 약탈하다 highroad 간선도로 avenue 대로 be settled in ···에 거처를 정하다 authorities 당국 captain 대위 squadron 기병 대대

two companions and a hussar orderly* with him. They knew about the Bogucharovo estate and hoped to take whatever provisions* remained there. When Nikolay arrived at Bogucharovo, Marya was relieved to see him. For days, she had felt frightened and helpless and alone. She recognized Nikolay as a Russian man of her own class and knew she was safe with him. When she began to explain her problems, her voice faltered* and trembled with emotion. Nikolay saw this meeting as a romantic event. "A helpless girl overwhelmed with grief, and fate has sent me here!" He immediately guaranteed* her safety and offered to escort her to Moscow. A carriage and horses were soon found. He accompanied Marya eight miles from Bogucharovo to where the road was occupied by Russian troops. When he took leave of her, he kissed her hand.

"Good-bye, Princess," he said. "I hope to meet you again in happier circumstances."

Marya's face was radiant with gratitude. She was certain that if he had not been there she would have perished* at the hands of* the French. His kind, honest eyes did not leave her memory. She had fallen in love for the first and last time in her life.

Nikolay remembered the gentle Princess Marya with pleasure. The idea of marrying her entered his head more than once. Did it matter if she was the sister of the man who had abandoned Natasha? She was attractive to* him and had an enormous fortune. By marrying her, he would make his mother happy and would be able to put his father's affairs in order. But what was he to do about the promise he had made to Sonya?

Chapter 25

As the French approached Moscow, Pierre was alarmed to realize that the city might be invaded. He decided to leave. After dinner on the twenty-fourth of August, he drove out of Moscow. When he was changing horses that night, he learned that there had been a great bat-

---

orderly 연락병 provisions 식량 falter 말을 더듬다 guarantee …을 보장하다 perish 죽다 at the hands of …의 손에서 be attractive to …의 마음을 끌다

tle at Shevardino. Nobody could tell him who had won. Everywhere along the road, troops were stationed or on the march. Pierre pushed forward as fast as he could, and the farther he traveled from Moscow the more restless he became. He felt the need to do something important and sacrifice something, although he did not know what. On the twenty-fifth, he met a convoy* of wounded soldiers from the battle at Shevardino. An army doctor told him the next battle would take place the following day at a place called Borodino. Pierre asked for directions to the site and drove on past the soldiers. After a while he stopped his carriage and climbed the knoll* from which the battlefield could be seen. He wandered around for a while and met up with* a group of soldiers. He discovered that Andrey's regiment was camped* nearby and decided to visit him that evening.

Andrey felt as agitated* and irritable* as he had been seven years before at Austerlitz. He had received and given the orders for next day's battle and had nothing more to do. But he knew that tomorrow's battle would be the most terrible of all he had taken part in. He thought about the three great sorrows of his life – his love for Natasha, his father's death, and the French invasion, which had overrun* half of Russia. "Tomorrow I will most certainly be killed. Life will change and may seem quite ordinary to others but I will know nothing. I will not exist." A cold shiver* ran down his spine. He went outside and began to walk about. Then he saw Pierre.

They made small talk for a while and then began to speak of the following day's battle. Some of Andrey's men joined in. Pierre spoke of strategies and compared war to a chess match. The soldiers said, and Andrey agreed, that the thing that won battles was courage and chance.

"Success never depends on position, or equipment, or even on numbers," said Andrey.

"But on what then?" said Pierre.

"On the feeling that is in me and in him," he said, pointing to another officer, "and in each soldier."

"So you think we will win tomorrow's battle?"

---

convoy 호송단 knoll 둥근 언덕 meet up with …와 우연히 만나다 be camped 야영하다 agitated 흥분한 irritable 안달하는 overrun …을 침략하다 shiver 전율

asked Pierre.

"Yes," answered Andrey. His eyes glittered and his lips quivered* as he began speaking. "War is not courtesy* but the most horrible thing in life and we ought to understand that and not play at war.* The aim of war is murder. He who kills most people receives the highest rewards. Ah,

Pierre was excited by what he saw
and the smile did not leave his face.

my friend, it has of late* become hard for me to live. I see that I have begun to understand too much. However, it's time for me to sleep." He embraced Pierre and kissed him. "Good-bye, be off!" he said.

The next morning, Pierre awoke to the sounds of battle. He went to the knoll where he had looked at the battlefield the day before. Now the whole area was full of troops and covered by smoke clouds from the guns. He was excited and stimulated by what he saw and the smile did not leave his face. He went down the hillside and caught up by the ranks* of infantry* marching ahead of him. "Why is that fellow in here?" shouted somebody. "Keep to the right!" the men shouted to him. Pierre went to the right, and saw an adjutant whom he knew. The officer pointed to a knoll where Pierre could watch the battle. Pierre reached it and found an artillery* emplacement* there. He sat down at one end of a trench* and looked around him with a happy smile. He

---

quiver 떨다 courtesy 호의 play at war 전쟁 놀이를 하다 of late 요즈음
ranks 병사 infantry 보병 artillery 대포 emplacement 포좌(대포를 놓은 장소) trench (군사) 참호

was standing beside the commanding officer when a young officer ran up to report that they were almost out of ammunition.* Pierre volunteered to go with the man to bring up some boxes of ammunition. Several cannon balls flew over him as he ran down the slope. He stopped near the ammunition wagons. Suddenly a terrible concussion* threw him backward to the ground. At the same instant he saw a great flash of flame, and heard a deafening roar that made his ears tingle.* When he came to,* the ammunition wagons no longer existed. Pierre returned to the cannon to find that the French had captured it and all the soldiers had been killed.

Toward two o'clock, Andrey's regiment was ordered to move closer to the cannon on the knoll. He had already lost two hundred men. Andrey was pale and gloomy like everyone in the regiment. Suddenly he heard the sound of an explosion and smelled gunpowder.* From the right side of his abdomen,* blood was welling out and staining* the grass. The medics* carried him to a dressing station* by the woods. Both armies at Borodino were disorganized* and either could have won the battle with a little more effort. But neither the French nor the Russians made that effort, and the flame of battle burned slowly out. The Russians retreated toward Moscow with the French army following them.

---

ammunition 탄약 concussion 충격, 진동 tingle (귀가) 얼얼하다 come to 의식을 회복하다 gunpowder 화약 abdomen 배, 복부 stain …을 물들게 하다 medic 위생병 dressing station (군사) 응급치료소 disorganized 조직이 와해된

VOLUME
III

Chapters 26-35

*His life, as he regarded it,
had no meaning as a separate thing.
It had meaning only as part of a whole
of which he was always conscious.*

Chapter 26

Kutuzov had two choices. He could give up Moscow without a battle, or he could fight and risk losing the army as well as Moscow. If he lost the army, then the whole of Russia was lost. If he lost Moscow without a battle, his army would live to fight another day. He led his army eighty miles beyond Moscow and prepared to meet Napoleon at a later date. He was determined, however, that Napoleon would not take Moscow with its population* and treasures intact.* He ordered the evacuation* of the city. The French army pushed on toward* Moscow, its force ever increasing as it neared its goal. As the Russian army retreated, it burned everything behind it, leaving nothing for the enemy. The French army began to run short of* supplies and the troops took what little food they could find. Behind them, they left millions of hunger-stricken,* hostile peasants.

After the battle of Borodino, Pierre was dazed* and distressed.* All he wanted was to get away from* the terrible things he had lived through that day. He met a group of soldiers on the road and walked with them to Mozhaysk. When he arrived at the inn where he had stayed the night before, he found that all the rooms were occupied. He went out into the yard, lay down in his carriage. His mind kept returning to the horrors he had seen on the battlefield.

When he awoke the next morning, the innkeeper told him that the French were already near Mozhaysk. The Russian troops were moving on, leaving about ten thousand wounded behind them. Pierre offered the use of his carriage to a wounded general and drove with him to Moscow. The general told him that Prince Andrey had been fatally wounded* in the battle. He reached Moscow on the thirteenth of August. An adjutant of the Moscow commander-in-chief met him at the gates with a message. He was to call on the commander-in-chief, Count Rostopchin, at once.

---

population 주민 **intact** 손상되지 않은 **evacuation** 피난 **push on toward** …로 밀고 나아가다 **run short of** …이 부족하다 **hunger-stricken** 기아에 시달리는 **dazed** 망연자실한 **distressed** 고뇌하는 **get away from** …로부터 벗어나다 **fatally wounded** 치명상을 입은

Count Rostopchin told Pierre that some of his brother Freemasons had been accused of* treason.* He warned Pierre to break off his association with them and leave Moscow. As Pierre was leaving the office, Rostopchin shouted to him, "Is it true that your wife has joined the Catholic Church?" Pierre did not answer and left the office in a sullen* and angry mood. When he reached home he found a letter from Ellen. It had been delivered while he was on the field of Borodino. She wrote that she intended to marry a Russian nobleman and had converted to* the one true faith. She asked him to carry out all the formalities* necessary for a divorce. Until it was safe to return to Russia, she would be traveling abroad.

Pierre's thoughts were confused. "Simplicity is submission* to God," he thought. "Suffering is necessary to find the meaning of all... My wife is getting married... One must forget and understand..." He went to his bed and threw himself on it without undressing and immediately fell asleep. When he awoke next morning a dozen people were waiting to see him in the drawing room. He dressed quickly and instead of going to see them, went out through the back door. Until the end of the destruction of Moscow, no one from Pierre's household saw him again or knew where he was.

Chapter 27

The date for the final evacuation from Moscow grew closer. The French were expected to arrive any day. From the twenty-eighth till the thirty-first of August, the city was in chaos.* Every day, thousands of wounded men from Borodino were brought in through the Dorogomilov gate. Thousands of carts carrying the city's inhabitants* and their possessions* went out by the other gates.

Sonya took charge of getting things packed. It helped to distract her from her sad thoughts. Nikolay had mentioned in a letter to his mother

---

be accused of …로 기소되다   treason 반역(죄)   sullen 기분이 언짢은
convert to …로 개종하다   formalities 정식(정규) 절차   submission 복종
be in chaos 혼돈 상태에 있다   inhabitant 주민   possessions 재산

that he had met and liked Princess Marya. The countess was pleased by news of this meeting.

"I was never happy about Andrey's engagement to Natasha," she said to Sonya. "But I always wanted Nikolay to marry the princess. What a good thing it would be!"

The only way to improve the Rostovs' fortunes was for Nikolay to marry a rich woman. She knew that the princess was a good match* but the thought of losing Nikolay made her very sad.

Petya and Natasha were no help at all* with packing. Petya was excited because he had heard that there would be a battle the next day. Natasha was in high spirits because she had been sad for too long and because she was feeling well. While Sonya supervised the packing of the family's possessions, Natasha went to her room to pack her own things. Soon she found it dull. She got up and looked out of the window. A long row of carts full of wounded men had stopped in the street. She ran outside and told an officer that the men could stay in the house and yard for the night. Her parents gave their permission. That night a carriage carrying another wounded man was driven into the yard. A doctor and two soldiers followed in a cart. The housekeeper* thought the wounded man must be someone important and had him brought into the house. It was Prince Andrey.

The next morning, Natasha discovered that the wounded were to be left to the mercy of* the French army. She spoke to her father and persuaded him to let some of the wounded soldiers ride in their carts. The countess objected. If they took the soldiers, they would have to leave some of their possessions behind. Natasha insisted that things were not as important as human lives. Finally, the countess agreed and the thirty peasant carts were loaded with* the wounded.

By two o'clock in the afternoon, one by one the carts with the wounded had moved out of the yard. Andrey's carriage attracted Sonya's attention* as it passed the front porch. She asked one of the maids if she knew who was traveling in the carriage.

"It's Prince Andrey Bolkonsky! They say he's

---

good match 좋은 신붓감(신랑감)   be no help at all 전혀 도움이 되지 않다
housekeeper 우두머리 하녀, 가정부   be left to the mercy of …이 하는 대로 내맡겨지다   be loaded with …가 실려 있다   attract one's attention …의 눈에 띄다

dying," said the maid with a sigh.

Sonya ran to tell the countess the news. They decided it would be best to say nothing to Natasha.

Natasha sat in the carriage beside the countess as they drove along the crowded streets. Occasionally she leaned out of the carriage window and looked at the long line of carts in front of them. As they were going round the Suharev water tower,* Natasha suddenly cried out in surprise.

"Dear me!* Mamma, Sonya, look, it's Pierre!" she said. "He's wearing a coachman's* coat. Look, Mamma, look!"

"No, it's not him," said the countess. "How can you talk such nonsense?"

"It's him, Mamma!" cried Natasha.

Pierre saw Natasha and came rapidly toward the carriage.

"Pierre! We recognized you!" she said, holding out her hand to* him. "What are you doing? Why are you dressed like this?"

Pierre took her outstretched* hand and kissed it as he walked beside the moving carriage.

"Are you remaining in Moscow, then?" she

asked.

Pierre hesitated. "Yes, in Moscow," he said.

"What is the matter with you, Count?" said the countess. "You are not like yourself.*"

"Oh, don't ask me, don't ask me! I don't know myself. Good-bye, good-bye!" he muttered and dropping behind* the carriage he stepped onto the pavement.

Natasha continued to lean out of the window for a long time, watching with a slightly puzzled, happy smile.

Chapter 28

For two days, Pierre had been living in the house of a Masonic friend who had recently died. The dead man's servant accepted Pierre's presence and seemed pleased to have someone to wait on.* When Pierre told him he needed a dis-

---

water tower 급수탑 Dear me! 이런! coachman 마부 hold out one's hand to …에게 손을 내밀다 outstretched 뻗친 be not like oneself 평상시의 모습답지 않다 drop behind 뒤처지다 wait on …의 시중을 들다

guise* and a pistol, he did not ask any questions. He found a coachman's coat and cap for Pierre, and promised to get him a pistol the next day. Pierre was on his way to purchase the pistol when he saw the Rostovs. Pierre was constantly drunk and nearly insane as he planned how to assassinate* Napoleon. He had become obsessed by* the thought that he was destined to* end the French leader's reign.*

On the third of September, Pierre awoke late. It was eleven o'clock. He remembered what he intended to do that day. "Am I too late?" he thought. "No, he probably won't make his entry into Moscow before noon." After dressing, he took the pistol and was about to go out. But it occurred to him that he could not carry the weapon in his hand through the streets. As it was too big to hide under his coat, he decided to use a dagger.* He tucked the dagger into* his belt under his waistcoat and went out into the street. The buildings across the river, in the Bazaar and the Povarskoy, as well as the barges* on the Moskva River, were on fire. The air was full of smoke and the smell of burning. Now and then he met Russians with anxious faces and saw

Frenchmen in the streets. He was afraid of losing his nerve,* and concentrated on the task before him. He expected to encounter Napoleon entering the city gates. But Napoleon had already reached the Kremlin and was giving orders to extinguish* the fires and prevent looting.* Pierre had no way of knowing that he would not fulfill his destiny.

As he approached the Povarskoy, Pierre had seen a French soldier standing in front of a beautiful, well-dressed woman. He was sure the soldier meant to harm her. As he ran toward them, the soldier grabbed the woman and tore off the necklace she was wearing. She screamed. Pierre reached the soldier, seized him by the shoulders, and threw him aside. Just then, a mounted patrol of French soldiers came around the corner. They galloped up to Pierre and surrounded him. Pierre remembered nothing of what happened after that. He only remembered beating someone and being beaten and feeling his hands being tied. A

---

disguise 변장 도구(옷) assassinate 암살하다 become obsessed by …에 사로잡히게 되다 be destined to …할 운명이다 reign 지배 dagger 단도 tuck A into B A를 B 안으로 쑤셔 넣다 barge 바지선(바닥이 평평한 짐배) lose one's nerve 용기를 잃다 extinguish 불을 끄다 loot 약탈하다

soldier began searching him and found his dagger.

"Do you speak French?" the officer asked. "Who are you? Why do you have this dagger?"

"I will not tell you who I am. I am your prisoner. Take me!" Pierre replied.

"Ah, ah!" muttered the officer with a frown. "Well then, march!"

Pierre felt elated* and almost drunk. He marched along triumphantly* between the French soldiers.

Chapter 29

The Rostovs spent the night of the second of September in a hut* at Mytishchi, fourteen miles from Moscow. The wounded men traveling with them found places to sleep in the yards and other huts of the village. A little after ten o'clock, one of the servants told the count that Moscow was burning. The countess began to cry when she heard this news. "Oh, how terrible," said Sonya. But Natasha paid no attention.* She had hardly spoken since Sonya told her at supper that Andrey was one of the wounded.

After the rest of the family were asleep, Natasha rose from her mattress. She stepped onto the cold floor of the passage. She opened the door into the room where Andrey lay. All day she had lived in the hope of* seeing him that night. But now that the moment had come, she was filled with dread of what she might see. That evening, Andrey was thinking of Natasha. He realized how cruelly he had treated her and knew he should have been more forgiving.* He wished he could see her once more. He heard a sound, and smelled fresh air, and saw a figure appear at the door. As it came closer, he saw that it had the pale face and shining eyes of Natasha. Andrey thought he was imagining things. He moved a little, and suddenly there was a ringing in his ears* and he lost consciousness. When he came to, Natasha was kneeling* beside him. He sighed with relief and smiled and held out his hand.

---

elated 의기양양한 **triumphantly** 의기양양하게 **hut** 오두막 **pay no attention** 신경쓰지 않다 **in the hope of** …할 것을 기대하며 **forgiving** (흔쾌히) 용서하는, 관대한 **ringing in one's ears** 귀울음(이명) **kneel** 무릎을 꿇다

"You?" he said. "How fortunate!"

Natasha took his hand carefully, and began kissing it lightly. "Forgive me!" she whispered. "Forgive me!"

"I love you more than before," said Andrey. "There is nothing to forgive."

Natasha was kneeling beside Andrey and took his hand carefully.

During the rest of the Rostovs' journey to Yaroslavl, Natasha hardly left Andrey's side. The countess imagined how dreadful it would be if Andrey died in Natasha's arms, but she said nothing. It occurred to* her that if Andrey recovered, the engagement would be renewed.* But no one, least of all* Natasha and Andrey, spoke of this.

Meanwhile, Nikolay had met Marya again in Voronezh, where he had gone to find horses. He was struck by* her spirituality.* It proved to be an irresistible* attraction. "She is a wonderful woman. A real angel!" he said to himself. "Why am I not free? Why was I in such a hurry* with Sonya?" He began to pray, "Oh, God! Release me from this dreadful position!" Tears were in his eyes when the door opened and his orderly came in with some letters. One was from his mother and the other from Sonya. He opened Sonya's first. He had read only a few lines when he turned pale and his eyes opened wide with

---

occur to …에게 생각이 떠오르다 renew (계약 등을) 갱신(회복)하다 least of all 특히 (…는) …하지 않다 be struck by …에 반하다 spirituality 영혼 irresistible 저항할 수 없는 be in a hurry 서두르다

Chapter 29 | 153

fear and joy. "No, it's not possible!" he cried aloud. What he had just been praying for had happened. Sonya had written to free him from his promise and encourage his marriage to Marya.

Nikolay did not suspect that his mother had ordered Sonya to free him from his promise. This was difficult for Sonya, but she loved all the Rostovs and was used to sacrificing herself for* others. She was cheered by* the thought that Andrey and Natasha were in love again and might marry. If they did, Nikolay would be unable to marry Marya because marriage between a brother-in-law and sister-in-law was prohibited. The feeling that fate was intervening in* her personal affairs cheered her.

The other letter was from Nikolay's mother. She described their last days in Moscow, their departure, the fire, and the destruction of all their property. She also mentioned that Prince Andrey was among the wounded men traveling with them. His condition was critical,* although there was some hope. The next day, Nikolay went to see Princess Marya to tell her that Andrey was alive. Neither he nor she said a word about what

Natasha nursing Andrey might mean. But thanks to* this letter, Nikolay became closer to Marya. He spent some time with her before he left to rejoin his regiment.

When Marya heard that Andrey was with the Rostovs, she decided to go to him. Mademoiselle Bourienne, little Nikolay and his tutor, and several servants traveled with her. When they arrived at the Rostovs' house, Marya saw a young woman waiting at the entrance. It was Sonya, who quickly showed her into* the house.

"Where is he?" asked Marya.

"He is downstairs. Natasha is with him," answered Sonya. "We have told her you are here."

Just then, Marya heard footsteps and saw Natasha coming into the room. When she looked at Natasha's face, she knew that they were both suffering and would be friends. She ran to meet Natasha, and began to cry on her shoulder.

---

sacrifice oneself for ···을 위해 희생하다 be cheered by ···로 기뻐하다
intervene in ···에 개입하다 critical (병자가) 위독한 thanks to ···덕택에
show A into B A를 B로 안내하다

Suddenly, Natasha's lips twitched* and she burst into sobs. Princess Marya understood. They sat a little while downstairs near his room, until they were able to go to him with calm faces.

"Is it long since he grew worse? When did this happen?" asked Marya.

Natasha told her when they reached Yaroslavl the wound had begun to fester.* Then fever set in,* though the doctor said the fever was not very serious. But two days ago Andrey's condition had changed.

"Is he weaker? Thinner?" asked Marya.

"No, it's not that, but worse," said Natasha. "Oh, Marya, he is too good but he cannot live."

When they entered Andrey's room, Marya understood what Natasha meant. He was thin and pale. She saw that his expression had softened and knew this gentleness* was a sign of approaching death.* Andrey kissed his sister, holding her hand in his.

"How are you, Marya? How did you manage to get here?" he said in a calm, distant* voice. "Have you brought little Nikolay?"

It was clear to her from his words and tone that

he had begun to leave this world.

"And you have met Count Nikolay, Marya?" Andrey said. "He wrote that he took a great liking to* you. If you like him too, it would be a good thing for you to get married."

When his little son, Nikolay, was brought to him, Andrey kissed him and seemed not to know what to say. When the boy had been led away,* Marya began to weep. Andrey understood that she was crying at the thought that his son would be left without a father. Not only did Andrey know he would die, but he felt that he was already half dead. Without haste or excitement he awaited what was coming. Once, he had feared death because it was the end of everything. Now, he no longer understood why he had been afraid.

His last days and hours passed in an ordinary and simple way. He confessed and received communion.* Everyone came to say good-bye to him. When the last convulsions* of his body

---

twitch 실룩실룩 움직이다   fester (상처가) 곪다   set in 시작되다   gentleness 온화함   sign of approaching death 죽음이 다가오는 신호   distant 어렴풋한   take a liking to …가 마음에 들다   lead away …을 데리고 가다   receive communion 영성체 성사를 받다   convulsions 경련

occurred, only Marya and Natasha were present.*

"Is it over?" said Marya when his body had lain motionless for a few moments.

Natasha looked at Andrey's dead eyes and quickly closed them. "Where has he gone?" she wondered. "Where is he now?"

When Andrey's body lay in the coffin* on a table, everyone wept. The countess and Sonya cried from pity for Natasha and because Andrey was gone. The old count cried because he felt that before long, he too would take the same terrible step. Little Nikolay cried because he did not understand what was happening. Natasha and Princess Marya also wept, but not because of their own personal grief. They wept at the knowledge that* the simple and solemn* mystery of death had occurred in their presence.

Chapter 30

Nine days after the abandonment of Moscow, official news of the event reached Petersburg. The messenger who gave the news to Emperor Alexander assured him that the Russian army was in good spirits.

"Sire,*" he said, "they are afraid of nothing. They are ready for the combat and to prove by the sacrifice of their lives how devoted they are to you."

The Emperor vowed* to do everything possible to save his country and defeat Napoleon.

Before the abandonment of Moscow, the biggest news in Petersburg was the illness of Countess Bezuhova. She had fallen ill unexpectedly a few days previously, and was receiving no one. On the same day that Petersburg heard about the fate of Moscow, another terrible piece of news was added. Countess Ellen Bezuhova had suddenly died. Officially, everyone said that she had died of a terrible attack* of angina pectoris.* It was also said that she had been tortured by Pierre's indifference to her plea for* a divorce. In her troubled state of mind, she had

---

be present 참석하다 coffin 관 at the knowledge that …을 알고 solemn 엄숙한 sire (호격) 폐하 vow …을 맹세하다 attack 발작 angina pectoris 협심증 plea for …에 대한 간청

suddenly taken a very large dose of the drug and died in agony.

Meanwhile, in Moscow, the French were holding Pierre captive* on suspicion of* espionage.* One day all the prisoners were led to a garden in which a post had been set up. Beyond the post, a large hole had been dug in the ground. A large crowd of civilians* and soldiers stood in a semicircle near the post. The prisoners were placed in a line, according to the order of their names on a list. Pierre was number six in the line. Several drums suddenly began to beat and Pierre felt as if part of his soul had been torn away. He watched in growing dismay and horror as men were tied to the post, shot, and thrown into the hole. He saw the same expressions of horror on the faces of the French as well as the Russians around him. "Who is doing this?" he thought. "They are all suffering as I am. Who is responsible? Who?" When the fifth prisoner, the one next to him, was shot, Pierre thought he would be next. He did not understand that he and the rest had been brought there only to witness the executions.

When the pit had been covered over, Pierre and

the other prisoners were led back to their prison. Pierre was separated from the others and led to a dirty shed. The French had pardoned* him on the charge of* being a common criminal. He was now considered to be a Russian spy and would be treated as a prisoner of war.* Pierre was confused by the events he had just witnessed and did not know what was expected of him. He had watched men who did not want to die and men who did not want to kill. His faith in humanity, in his own soul, and in God, had been destroyed. He had experienced this before, but never so strongly as now. He felt that it was no longer in his power* to understand the meaning of life.

Beside him sat a small man who smelled strongly of perspiration.*

"You've seen a lot of trouble, sir, eh?" the little man suddenly said.

There was so much kindliness in the man's voice that Pierre felt tears rising to his eyes. The man continued speaking in the same pleasant

---

hold... captive ⋯을 포로로 잡아 가두다   on suspicion of ⋯의 혐의로   espionage 첩보 활동   civilian 일반 시민   pardon (죄수를) 사면하다   on the charge of ⋯의 죄로   prisoner of war 전쟁 포로   be in one's power ⋯의 수중에 있다   perspiration 땀

tones.

"Suffer for an hour and live for an age!" he said. "That's how it is, my dear fellow. Here, eat a bit, sir." He offered Pierre some baked potatoes.

Pierre had not eaten all day and the smell of the potatoes seemed extremely pleasant to him. He thanked the soldier and began to eat. He thought he had never eaten anything that tasted better.

"My name is Platon, and the surname* is Karataev," said the man. "How is one to help feeling sad? Things don't happen as we plan them, but as God wishes. The great thing is to live in harmony." He seated himself more comfortably and coughed, evidently preparing to tell a long story. "I was still living at home when the war began," he said. "We had plenty of land and lived well and our house was one to thank God for. We were real peasants." Platon Karataev told a long story of how he had gone into the forest and stolen some wood, and been caught. He had been tried* and flogged and sent away to serve as a soldier. "Well, lad," he said with a smile, "we thought it was a misfortune but it turned out* a blessing! If it had not been for* my sin, my younger brother would have had to serve as a soldier.* But he had five little ones, while I only left a wife behind.* We had a little girl, but God took her before I went to be a soldier. And when I went home on leave, they were living better than before. That's how it is, dear fellow. Fate takes care of us." After a short silence, Platon rose. "Well, I think you must be sleepy," he said, and he knelt on the dirty straw and began to pray. He seemed to be praying to a number of gods Pierre had never heard of. When Platon ended his prayers, he sat down again on his heap of straw.

"What prayer was that you were saying?" asked Pierre.

"Well," replied Platon, "I was praying for my family and for the horses too. One must pity the animals."

For a long time Pierre did not sleep. He felt that the world that had been shattered was once more stirring in his soul. It now had new and

---

surname 성 be tried 재판을 받다 turn out 결국은 …이 되다 if it had not been for 만약 …이 아니었더라면 serve as a soldier 군복무하다 leave... behind …을 남겨두고 가다

unshakable foundations.* Pierre remained in the shed for four weeks and only Platon Karataev remained in his mind as the personification* of everything Russian, and kindly, and whole. His face, despite* its wrinkles, had an expression of innocence and youth. His voice was pleasant and musical and his speech was direct and relevant.* His life, as he regarded it, had no meaning as a separate thing. It had meaning only as part of a whole of which he was always conscious. His words and actions flowed from him as evenly* and spontaneously* as fragrance from a flower.

Chapter 31

The French army's losses at Borodino were great and when it entered Moscow, it was seriously weakened. Napoleon entered Moscow expecting to find the city officials waiting to surrender to him. He was furious* when he found the city abandoned. Although the Russian army had retreated only eighty miles past Moscow, the French army did not continue its pursuit. For four weeks, Napoleon's troops looted Moscow while he waited for some sign that the Russian army would surrender. The Russian army was quietly encamped at Tarutino and gaining strength. At the end of a month, Napoleon sent an adjutant to Kutuzov with a letter. He wrote, "I am sending one of my adjutants to discuss several interesting questions with you. I beg your Highness* to believe the esteem* and special regard I have long had for you. I pray that God will keep you in His holy and gracious protection!" Kutuzov replied, "I would be cursed forever by* future generations were I to agree to any sort of settlement.* Such is the present spirit of my nation."

Kutuzov knew that a change had taken place in both the spirit and number of both armies. The Russian side was now the superior force. The weather remained good. There was an endless stream of recruits to the Russian regiments. The plentiful food and the long rest the Russian sol-

---

unshakable foundations 확고한 기초 personification 화신 despite …에도 불구하고 relevant 타당한 evenly 고르게 spontaneously 자연스럽게 furious 격노한 your Highness 전하 esteem 존경 be cursed by …에게 저주받다 settlement 타협

diers had enjoyed meant they were in prime* fighting condition. All of them desired revenge on* the French for taking Moscow. And reports were coming in from all sides about the inactivity and disorder of the French.

Napoleon seemed to be in a brilliant position. He held Moscow. He might have negotiated peace or moved on to take Petersburg. He could have wintered* over in Moscow. He did neither of these things. In mid October, he evacuated Moscow and marched toward Kaluga to engage what he thought was a small Russian force. He sent another messenger to Kutuzov with a letter proposing peace. Kutuzov replied to this letter as he had done to the previous one. There could be no question of* peace.

Kutuzov was unaware that Napoleon and his whole army had abandoned Moscow. When he heard that French troops were moving toward Kaluga, he sent fifteen thousand men to engage them in battle. While on the road, the Russian commander, Dohturov, learned that this force was Napoleon's grand army. The French turned toward the town of Malo-Yaroslavets and stopped there. Dohturov sent for reinforcements, then he entered the town from the south and fierce fighting began. The town changed hands five times in the course of* a day. Ten thousand extra Russian troops arrived, and still the French held out.*

Kutuzov decided against* a battle with the French the next day, and retreated instead to Kaluga. After the battle, Napoleon's generals informed him of the real strength of the Russian army. They advised him that they could not win against such forces, especially with winter approaching. Napoleon was persuaded to leave Russia as quickly as possible. The French army began retreating toward Smolensk along the same road by which it had advanced to Moscow. It was the only route open to them but Napoleon had hoped to avoid it. The countryside in that direction was devastated* and the peasants were hostile. As the French forces retreated to Smolensk, Russian troops continued to attack them. The French army, although it was steadily

---

prime 최상의   revenge on …에 대한 복수   winter 겨울을 보내다   be no question of …은 의문의 여지가 없다   in the course of …하는 중에   hold out 굴복하지 않다   decide against …을 반대하는 결정을 하다   be devastated 황폐화되다

losing strength, continued on its path to Smolensk. Although Napoleon claimed a victory* at Malo-Yaroslavets, it was a Russian strategic success.

Chapter 32

Pierre had spent a month imprisoned with the others in the old shed. He now wore a pair of soldier's trousers, a dirty, torn shirt, a peasant coat and cap. Physically, he had changed very much during his captivity. He no longer seemed stout, though he still had a strong, solid* frame.* A beard and mustache covered the lower part of his face, and his hair had grown longer and curly. The look in his eyes was now determined, calm, and alert.* His former laziness was replaced by* an energetic readiness* for action. His feet were bare as he stepped outside into the October sunshine.

Pierre had endured his time in prison not only lightly,* but also joyfully. He had even obtained the peace of mind he had formerly tried in vain* to reach. He had tried to find it in Freemasonry, in wine, in heroic feats* of self-sacrifice, and in romantic love for Natasha. He had also sought it by reasoning, but each time he had failed. Now he had found that inner peace through the horror of death, the loss of his privileges, and from the wisdom of Karataev. His intention of killing Napoleon now seemed ridiculous. He often remembered a conversation he'd had with Andrey. Andrey had said that happiness could only be negative. Pierre had thought Andrey meant that people suffer because they expect to be happy and their desire is never fully satisfied. But Pierre understood it differently now. The absence of suffering, the satisfaction of one's needs, and the freedom to choose one's way of life, led to happiness. Now that he no longer had these things, they seemed to amount to* perfect happiness.

At seven o'clock the next morning, a French convoy carrying muskets* and enormous knap-

---

claim a victory 승리를 선언하다 solid (체격이) 탄탄한 frame 골격 alert 빈틈없는 A be replaced by B A가 B로 바뀌다 readiness 준비(되어 있는 상태) lightly 즐겁게 in vain 헛되이 feat 공훈 amount to (어느 상태에) 이르다 musket 머스켓총(구식 보병총)

sacks, was assembled. In the prison shed, everyone was dressed and waiting for the order to set out.* But it was nearly evening before the carts, the prisoners, and their troop escort had cleared Moscow. When they reached the Kaluga road, they marched quickly, without resting, and halted only when the sun began to set. From the officers down to the lowest soldiers, the French treated the prisoners viciously. Pierre saw a Frenchman beat a Russian soldier for straying* too far from the road. He had also heard an officer tell a soldier that he was to shoot those who lagged behind.*

Chapter 33

While the French army retreated in one large mass, the Russians split up into* smaller units.* Hundreds of these Russian companies followed the French as they fled toward Smolensk. Organized bands of Russian peasants attacked enemy stragglers* or troops who went out foraging for food.* These partisan* fighters wiped out thousands of French soldiers while the Russian army units did the same.

Denisov led a small unit of troops that specialized in these guerrilla tactics.* His friend, Dolohov, also had his own small guerrilla unit, which was waiting near by. On October 22nd, Denisov watched a French convoy of wagons and Russian prisoners moving toward Smolensk. The convoy, which was trailing far behind* the main body of the French army, was a perfect target. Denisov and Dolohov planned to join forces the next day to attack it. They estimated that the convoy had fifteen hundred men while between them they had about four hundred. They did not intend to wait for permission to attack or for reinforcements. From experience, they knew that a surprise attack, even on a much larger force, would favor* them.

That afternoon, a very young Russian officer galloped up to Denisov and handed him an envelope. The officer was Petya Rostov, who was

---

order to set out 출발하라는 명령 stray 옆길로 빗나가다 lag behind 뒤처지다 split up into …로 갈라지다 unit 부대 straggler 낙오병 forage for food 식량을 찾아다니다 partisan 게릴라 guerrilla tactics 게릴라 전법 trail behind …의 뒤를 느릿느릿 따라가다 favor …에 유리하다

now serving as an orderly in the army. Denisov recognized him and greeted him warmly. The message Petya brought was from a general who commanded a large guerrilla detachment.* The general had been tracking* the French convoy too, and demanded that Denisov wait and join forces with him. Denisov had no intention of* doing so.

"Will there be a reply for the general?" Petya asked Denisov. "Or shall I remain with you?"

"Reply?" Denisov repeated thoughtfully. "Not before tomorrow. Can you stay until then?"

"Oh, please... May I stay with you?" cried Petya.

"What did the general tell you? To return at once?" asked Denisov.

"He gave me no instructions. I think I could stay," said Petya, blushing.

"Well, all right," said Denisov.

Petya was delighted and excited with what he had seen and experienced in the army. But it seemed to him that the really heroic exploits* were being performed where he did not happen to be. He had begged so piteously* to be sent with orders to Denisov that the general could not refuse. But he was worried about the young orderly, who seemed to think he was bullet-proof.* At the battle of Vyazma, Petya had disobeyed orders and galloped into the front line under French fire. There, he had twice fired his pistol and somehow escaped injury. So the general had forbidden Petya from taking part in any action with Denisov's troops. That was why Petya blushed when Denisov asked him whether he could stay.

Early the next morning, Petya rode beside Denisov into the valley where the French were camped. Denisov gave the order to attack and a shot rang out. As the horses galloped forward, Petya heard shouts from all sides. He lashed his horse and galloped forward, ignoring Dolohov who shouted at him, "Go around! Wait for the infantry!" Petya shouted, "Wait? Hurrah-ah-ah!" He galloped on into the thick of the fighting* with Dolohov and his troops behind him. Some of the French threw down their rifles and ran out

---

detachment 파견대 track …을 추격하다 have no intention of …할 의사가 없다 exploits 위업 piteously 애처롭게 bullet-proof 방탄의 into the thick of the fighting 전투가 한창인 곳으로

of the bushes to meet the Russians. Others ran away. Dolohov saw Petya suddenly let go of* his reins, wave both his arms around, and begin slipping to one side in his saddle.* Petya fell heavily on to the wet ground. His arms and legs jerked*

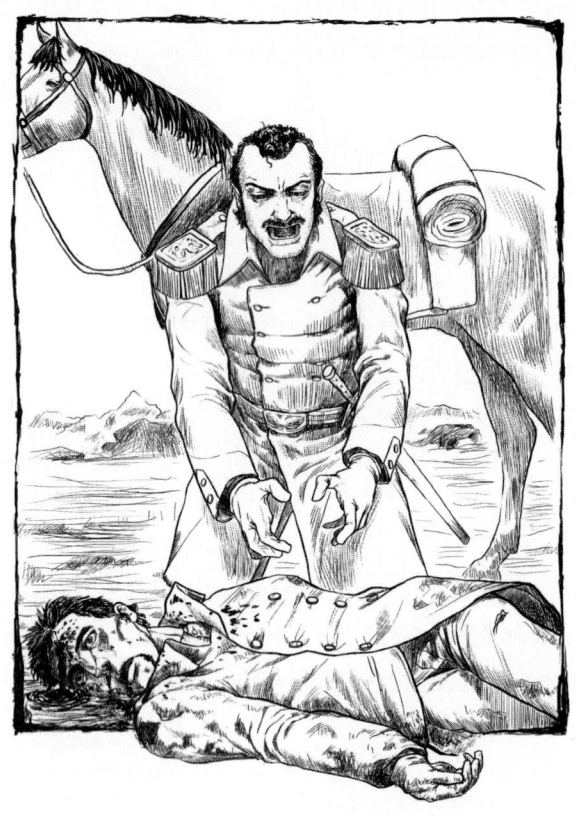

Denisov uttered a loud cry, staring down at the bloodstained, muddy face of Petya.

and then he was still. A bullet had pierced* his skull.

Dolohov saw a senior French officer* waving a white handkerchief tied to his sword. He came up to Dolohov and announced that they surrendered. Dolohov dismounted and went up to Petya, who lay motionless with outstretched arms.

"Done for!*" he said with a frown, and went to meet Denisov who was riding toward him.

"Killed?" cried Denisov, nodding toward Petya.

"Done for!" repeated Dolohov, as he walked away toward a group of captured French soldiers.

Denisov stared down at the bloodstained,* muddy face. The troops looked around in surprise as they heard Denisov utter a loud cry.*

Among the Russian prisoners rescued by Denisov and Dolohov was Pierre Bezuhov. Shouts and loud and rapid firing had woken him

---

let go of (쥐고 있던 것을) 놓다 saddle 안장 jerk 경련을 일으키다 pierce 관통하다 senior officer 선임 장교 done for 죽어서 bloodstained 피투성이의 utter a cry 신음 소리를 내뱉다

before sunrise. He saw French soldiers running past him and a moment later a crowd of Russians surrounded him. His comrades were sobbing with joy as the Russian troops crowded around them. Pierre sobbed as he sat among them and could not utter a word. He hugged the first soldier who approached him, and kissed him. Of the three hundred and thirty prisoners who had set out from* Moscow, fewer than a hundred now remained. Prisoners who lagged behind had been shot. Karataev had shared that fate the previous day.

Chapter 34

After the twenty-eighth of October when the frosts began, the French retreat became a tragedy. Men were either freezing, or roasting themselves to death* at the campfires. From Moscow to Vyazma, the French army of seventy-three thousand men was reduced to thirty-six thousand. Not more than five thousand of them had fallen in battle.* They were dying from cold and starvation and others were deserting.* Every day, from Moscow to Vyazma, from Vyazma to Smolensk, from Smolensk to the Berezina, and from the Berezina to Vilna, more and more soldiers died. After staggering into Smolensk, the French forces ran amok.* They robbed and killed one another for food, and when everything had been plundered,* they ran away. Napoleon seemed to have lost command of his subordinates* and they, in turn,* had lost control of* their men.

Beyond Smolensk, the French separated in their flight and ran in all directions. Then for three days, separate portions of the French army ran the gauntlet of* the Russian army. They abandoned one another, abandoned all their heavy baggage, their artillery, and half their men. From Orsha they fled farther along the road to Vilna. At the Berezina, they again became disorganized, many were drowned and many surrendered. Those who got across the river kept

---

set out from …에서 출발하다 roast oneself to death 불에 타죽다 fall in battle 전사하다 desert 탈영하다 run amok 행패를 부리다 plunder (군대 등이) …을 약탈하다 subordinate 부하 in turn 차례로 lose control of …의 제어력을 잃다 run the gauntlet of …로부터 호된 시련을 겪다

going. Napoleon was among them. He wrapped himself in furs and galloped on alone in a sleigh,* abandoning his companions. The others who could do so drove away too, leaving those who could not to surrender or die. On December 14th 1812, the remnants of Napoleon's grand army were finally expelled from* Russian territory.

Chapter 35

After his liberation, Pierre fell ill and was bedridden* for three months. On the day of his rescue he had seen the body of Petya Rostov. That same day he had learned that Andrey had recently died in the Rostovs' house at Yaroslavl. Denisov, who told him this news, also mentioned Ellen's death, supposing that Pierre had heard of it long before. All this news seemed merely strange to Pierre. He was only anxious to get away as quickly as possible from places where people were killing one another. He wanted some peaceful refuge where he could recover and rest.

Gradually, he got used to the idea that no one would deprive him of* his warm bed. Then by old habit he asked himself the question, "Well, what am I going to do?" He immediately gave himself the answer, "Well, I shall live. Ah, how splendid!" His search for the meaning of life would not trouble him again and this gave him a complete sense of freedom and happiness. He felt like a man who, after straining* to see into the far distance, finds what he is seeking at his feet. All his life he had looked over the heads of those around him, when he should have merely looked in front of him.

At the end of January, Pierre went to Moscow and stayed in an annex* of his house, which had not been burned. He intended to leave for Petersburg two days later. Everybody was celebrating the victory and everything was bubbling with* life in the ruined but reviving city. On the third day after his arrival, he heard that Princess Marya was in Moscow. He drove that same

---

sleigh 썰매 be expelled from …에서 추방당하다 be bedridden 몸져 누워있다 deprive A of B A에게서 B를 빼앗다 strain 열심히 노력하다 annex 별채 be bubbling with …로 넘치다

evening to see her. On his way to the house Pierre kept thinking of Andrey, of their friendship, of his various meetings with him, and especially of the last one at Borodino. "Is it possible that he died in the bitter frame of mind* he was then in? Is it possible that he had not found the meaning of life before he died?" thought Pierre.

Pierre drove up to the house of the old prince in a serious mood. It showed some signs of damage but its general appearance was unchanged. He was shown into a room lit by one candle where Marya sat with another woman dressed in black. Pierre remembered that the princess always had a lady companion. "This must be her companion," he thought, glancing at the lady in the black dress. The princess rose quickly to meet Pierre and held out her hand.

"Yes," she said, looking at his altered face after he had kissed her hand, "so this is how we meet again. He spoke of you even at the very last,*" she went on. "I was so glad to hear of your safety. It was the first piece of good news* we had received for a long time."

"I knew nothing about him!" he said. "All I know I heard from others. I only know that he was with the Rostovs at the end. What a strange coincidence!*"

But when he mentioned the Rostovs, Marya's face expressed greater embarrassment. "Do you really not recognize her?" she said.

Pierre looked again at the companion's pale, delicate* face with its black eyes and wide mouth. Something long forgotten and more than sweet looked at him from those attentive* eyes. "But no, it can't be!" he thought. "This thin, pale face that looks so much older! It cannot be she."

But at that moment Marya said, "It is Natasha! She has come to stay with me."

A feeling of happiness he had long forgotten seized Pierre, and enveloped* him completely. When she smiled, doubt was no longer possible. It was Natasha and he loved her. He flushed* joyfully yet with painful distress. But the more he tried to hide it, the more clearly he betrayed his love for Natasha.

Pierre hurriedly turned away from Natasha and

---

in the bitter frame of mind 원한이 사무치는 마음 상태로 at the very last 임종 순간에, 죽기 직전에 a piece of news 한 가지 소식 coincidence 우연의 일치 delicate 가냘픈 attentive 상냥한 envelop …을 감싸다 flush 얼굴을 붉히다

spoke to Princess Marya, asking about his friend's last days. He stayed to supper and talked about his adventures. He saw a new meaning in all he had gone through. Natasha, without knowing it, was all attention.* She did not miss a word, a look, a twitch of a muscle* in Pierre's face, or a single gesture. Marya watched and listened and saw something that made her happy. It was the possibility of love and happiness between Natasha and Pierre.

It was a long time before Pierre could fall asleep that night. He paced up and down his room, thinking of Andrey, of Natasha, and of their love. "Well, what's to be done? Evidently it has to be so," he thought. He got into bed, happy and excited but free from* hesitation or indecision.* "Strange and impossible as such happiness seems, I must do everything to make her my wife," he thought.

The day after Pierre's first visit, Natasha had said to Princess Marya, "He looks just as if he had come out of a bath. He seems clean and whole." At that moment, something awoke in Natasha's soul. Her face, walk, look, and voice, suddenly altered. From that evening she seemed to have forgotten all that had happened to her. She did not try to hide the fact that she was no longer sad but bright and cheerful.

Next day he came early, dined, and stayed the whole evening. When Natasha wished him good night and went to her room, Pierre told Marya about his feelings.

"Princess, help me!" he said. "I know I am not worthy of* her, I know it's impossible to speak of it now. I don't know when I began to love her, but I have loved her and her alone all my life. I love her so that I cannot imagine life without her. I cannot propose to her at present,* but tell me, can I hope?"

"Leave it to me,*" said Princess Marya. "I know that she loves... will love you. Write to her parents, and leave it to me. I will tell her when I can. I wish it to happen and my heart tells me it will."

"No, it cannot be! How happy I am! No, it can't be!" Pierre kept saying as he kissed

---

be all attention 모든 주의를 기울이다 twitch of a muscle 근육의 실룩거림 (움직임) free from …이 없는 indecision 주저 be worthy of …할 자격이 있다 at present 지금은 Leave it to me. 내게 맡겨둬.

Marya's hands.

"Go to Petersburg, that will be best. And I will write to you," she said.

When Marya returned to her room after her talk with Pierre, Natasha met her.

"He has spoken? Yes?" she asked. "I wanted to listen at the door, but I knew you would tell me."

Marya told Natasha all that Pierre had said. When she heard he was going to Petersburg, Natasha was astounded.*

"To Petersburg!" she repeated. "Marya, tell me what I should do! Whatever you tell me, I will do."

"You love him?" asked Marya.

"Yes," whispered Natasha, with tears in her eyes.

"Then why are you crying? I am happy for your sake,*" said Princess Marya.

"It won't be just yet," said Natasha. "Think what fun it will be when I am his wife and you marry Nikolay!"

"Natasha, I have asked you not to speak of that," said Marya. "Let us talk about you."

They were silent awhile.*

"But why go to Petersburg?" Natasha suddenly asked, and quickly replied to her own question. "But no, no, he must... Yes, Marya, he must..."

---

astounded 깜짝 놀란   for one's sake …을 위해서   awhile 잠시

Epilogue

In early spring of the year 1813, Natasha and Pierre were married. It was the last happy event the old Count Rostov would take part in. Later that year, he died. The war, Prince Andrey's death, Natasha's despair, Petya's death, and the countess's grief, took their toll on* his health. In the last few months of his life, he fell into a depression* and never recovered.

Nikolay was with the Russian army in Paris when the news of his father's death reached him. He at once resigned his commission* and went back to Moscow. The state of the count's affairs became quite obvious a month after his death. Everyone was surprised to find that the debts amounted to double the value of the property. Friends and relations advised Nikolay to decline the inheritance, but he respected his father's memory too much to refuse. He accepted the inheritance together with the obligation to pay all the debts. When the estate was sold, half the debts still remained unpaid. Nikolay borrowed thirty thousand rubles from Pierre to pay off the most urgent* debts. To avoid being imprisoned* for the remainder,* he took a civil service position* with the government.

The idea of putting something aside* out of his salary proved to be a dream. He could see no way out of this situation. He wished for nothing and hoped for nothing. Although Countess Rostova encouraged him to find a rich wife, he would not consider the idea. Marriage was for life and for love. Nothing else was possible.

At the beginning of winter, Marya came to Moscow to see Nikolay and his family. "I never expected anything else of him," thought Marya, feeling a joyous sense of her love for him. But instead of being pleased to see her, Nikolay greeted her with a cold, proud expression on his face. He inquired about* her health, led the way to his mother, and left them alone. After Marya's visit, the countess encouraged Nikolay to visit Marya, but for a long time he refused.

---

take one's toll on …에 큰 피해(타격)를 주다 depression 우울증 commission 장교의 직위 urgent 긴급한 be imprisoned 투옥되다 remainder 나머지(여기서는 남은 빚을 뜻함) civil service position 공직 put... aside (후일을 위해) …을 저축하다 inquire about …에 대해 문의하다

Epilogue | 187

Finally, he went to see Marya, but his manners were stiff* and formal.* Marya realized that he was distant with her now because he no longer considered himself her social equal.* "So that's why! That's why!" she thought. "He is poor now and I am rich, that's the only reason. If it were not for that, he would not be so cold." She told him she missed the friendship they had shared and asked him why they could not continue to be friends. He told her that everything had changed and somethings were now impossible.

"I don't understand," she said. "For some reason you wish to deprive me of our former friendship. And that hurts me."

There were tears in her eyes and in her voice. Suddenly she began to cry and turned away as if to leave the room.

"Princess, for God's sake!*" exclaimed Nikolay. "Princess!"

She turned around. They gazed silently into one another's eyes and what had seemed impossible suddenly became possible and inevitable.*

In the winter of 1813, Nikolay married Marya and moved to Bald Hills with her, his mother, and Sonya. Within four years he had paid off all his remaining debts without selling any of his wife's property. He had repaid his debt to Pierre as well. Bald Hills had been rebuilt, although not on the same grand scale as under the old prince. But the house was spacious* and had rooms for the house serfs and apartments* for visitors. Whole families of the Rostovs' and Bolkonskys' relations sometimes came to Bald Hills with dozens of servants and stayed for months. By 1820, Nikolay had bought a small estate adjoining Bald Hills and was negotiating to buy back Otradnoe. He had become a successful farmer who took special interest in his peasants. Although they occasionally disagreed, he and Marya had a happy marriage.

By 1820, Natasha and Pierre had three daughters and an infant son. This stout, robust,* motherly woman was nothing like the slim, lively Natasha of former days.* She took little interest in* her appearance. She was not often seen in society, and those who met her found her neither

---

stiff 경직된 formal 냉담한 one's social equal 자기와 사회적 계층이 같은 사람 for God's sake 제발 inevitable 필연적인 spacious 넓은 apartment 방 robust 억센 former days 예전 take little interest in …에 관심을 가지지 않다

attractive nor friendly. Natasha could not have cared what people thought of her. She prized* the company of Marya, her brother, her mother, and Sonya.

The general opinion was that Pierre was under his wife's thumb,* which was really true. From the start of their married life, Natasha had announced that every moment of his life belonged to her and the family. Pierre did not flirt with other women or spend money on a whim.* To make up for* this, at home he made all the decisions. He had only to express a wish and Natasha would jump up and run to fulfill* it.

And so, after seven years of marriage, Pierre had the joyous and firm conviction that he was not a bad man. He felt that the good and bad within himself mingled* and overlapped.* What was really good in him was reflected in* his wife and all that was not quite good, she rejected.

Once, Natasha asked Pierre if he thought Platon Karataev would have approved of him. Pierre tried to imagine Karataev's opinion of him. "No, he would not have approved," said Pierre, after reflection.* "What he would have approved of is our family life. He was always so anxious to find happiness and peace in everything. I would not have known how to appreciate those things if I had not met him. I would have been proud to let him see us."

---

prize …을 소중히 여기다   be under one's thumb …에게 복종하다, …에 쥐어 살다   on a whim 충동적으로   make up for …을 보상하다   fulfill 실행하다   mingle 섞이다   overlap 겹치다   be reflected in …에 반영되다   reflection 심사숙고

명작
우리글로
다시읽기

WAR AND PEACE
LEO NIKOLAEVICH TOLSTOY

1장

P. 14 안나 파블로브나의 응접실에는 페테르스부르크 사교계의 거물 인사들로 그득했다. 작년 겨울, 안드레이 볼콘스키 공작과 결혼한 리자 볼콘스카야 공작부인은 임신한 티가 확연히 났다. 바실리 쿠라긴 공작과 미모의 딸 엘렌은 대사가 주선한 파티에 가기 전에 잠시 들렀다. 바실리 공작의 아들 이폴리트는 프랑스의 명망있는 가문 출신인 모르테마르 자작과 함께 왔다. 모리오 대수도원장을 비롯한 많은 손님들의 모습도 보였다. 1805년 7월 어느 저녁, 그곳에 모인 남자 손님들 사이의 주된 화제는 나폴레옹 보나파르트였다. 최근 오스트리아를 침공한 나폴레옹의 서유럽 정복의 기세는 저지 불가능인 듯했다. 오스트리아 점령에 성공하면 다음 차례는 러시아였기에 러시아 국민들의 불안은 고조되고 있었다. 대부분의 사람들은 알렉산드르 황제가 러시아 군대를 파견해 오스트리아군을 지원하리라 예상하고 있었다. 나폴레옹은 마땅히 패퇴시켜야 하며 러시아군이 그 일을 해낼 수 있다는 데에는 의심의 여지가 없었다.

P. 15 손님 중에는 떡 벌어진 어깨에, 머리는 짧고, 안경을 낀 건장한 체구의 젊은 남자가 있었다. 그는 현재 모스크바에서 임종을 앞두고 있는 베주호프 백작의 서자 피에르로 해외 유학 길에서 막 돌아왔고, 이번에 처음으로 사교계에 모습을 드러냈다. 안나 파블로브나는 가장 낮은 신분의 사람을 대하는 태도로 목례를 하며 그를 맞이했다. 하지만 이런 천대하는 듯한 인사를 받고도 피에르는 아무렇지도 않은 표정을 지어 보였다. 그래서 그녀는 불안한 표정으로 계속 그를 주시했다.

피에르는 페테르스부르크의 모든 지식인들이 이 파티에 모인 것을 알고 있었다. 그는 그들과 지적인 대화를 많이 나눌 수 있기를 기대했으며 어느 하나도 놓치고 싶지 않았다. 그는 손님들 사이를 돌아다니다가 마침내 모리오 대수도원장 주변에 모인 사람들 틈에 끼어 들었다. 잠시 후 피에르가 대수도원장과 진지하게 이야기 나누는 것을 본 안나 파블로브나는 그 모습이 못마땅했다. 그녀는 다른 손님들의 불편함을 덜어주겠노라며 급히 달려가 피에르를 쏘아보았다. 그녀가 대수도원장에게 러시아의 날씨가 어떤지 묻자 이탈리아인인 대수도원장의 표정이 갑자기 바뀌었다.

P. 16 그는 여자들과 대화를 나눌 때 으레 그랬던 것처럼 부자연스러우리만치 상냥한 표정을 지어 보였다.

"지금까지 만난 숙녀분들의 뛰어난 재치와 교양에 넋을 빼앗긴 나머지 날씨에 대해서는 미처 생각해 볼 겨를도 없었군요."

바로 그때 응접실로 손님이 한 명 더 들어왔다. 리자 공작부인의 남편인 안드레이 볼콘스키 공작이었다. 그는 아주 잘 생기고 검은 머리에 중키의 젊은 남자였다. 그는 응접실에 있는 손님들은 전부 알고 있고, 그들 모두를 성가시고 지루하게 생각하는 것이 분명했다. 그가 따분하게 생각하는 사람들 중에서도 그의 아내는 최악이었다. 그는 아내를 외면한 채 안나 파블로브나의 손에 키스했다.

"전쟁에 참가하시죠, 공작님?" 안나 파블로브나가 물었다.

"네. 쿠투조프 장군께서 저를 부관으로 임명하셨습니다."

"그럼 아내인 리자 공작부인은 어떻게 되나요?"

"시골에 있는 저의 가족과 함께 지낼 겁니다."

"그렇게 아름다운 부인을 저희한테서 떼어놓으시다니 미안하지 않으세요?"

P. 17 안드레이 공작은 눈을 찡그리더니 고개를 돌렸다. 피에르가 뒤쪽으로 다가와 팔을 잡자 안드레이 공작은 잠시 인상을 찌푸렸다. 그러다 피에르인 것을 알고 환한 미소를 지었다. 그때 바실리 공작과 그의 딸이 떠나려고 일어섰다. 공작의 딸 엘렌은 아름다운 얼굴에 환하게 빛나는 미소를 지으며 피에르와 안드레이의 곁을 지나갔다. 피에르는 기쁨에 겨운 눈빛으로 그녀를 바라보았다.

"정말 아름답군." 안드레이 공작이 말했다.

"정말 그렇지." 피에르가 말했다.

"밀라노에서 있었던 황제 즉위식에 대해 어떻게 생각하세요?" 바실리 공작과 엘렌이 떠나자 안나 파블로브나가 물었다. "보나파르트가 왕위에 올랐더군요. 세상이 온통 미쳐버린 것 같아요."

"하지만 부르봉 왕가는 혁명을 피해 달아났고, 프랑스 국민들은 무정부 상태에 **빠졌죠**. 나폴레옹은 혁명을 이해하고 진정시켰어요. 그는 시민의 평등과 언론의 자유를 허용했다는 점에서 위대한 사람이죠.

P. 18 권력을 얻은 것도 그 때문입니다." 피에르가 말했다.

"자유와 평등이라." 모르테마르 자작이 경멸하는 투로 말했다. "그게 무슨 뜻입니까? 혁명 이후 국민들이 더 행복해졌습니까? 천만에요! 우리는 자유를 원했지만 보나파르트가 짓밟아버렸죠."

피에르가 계속 나폴레옹에게 찬양을 표하자 대화는 점점 격해졌다. 안드레이는 나폴레옹을 우러러보는 것 같지는 않았지만 그가 어느 정도 좋은 일을 했다는 점은 인정했다. 결국 대화는 사소한 잡담으로 바뀌었고 안드레이와 피에르는 자리를 떴다.

2장

성 나탈리아 축일은 로스토프 가문의 두 사람의 생일이기도 했다. 어머니와 막내딸 둘 다 성인을 따라 이름을 지었다. 백작부인은 모스크바에 있는 저택의 응접실에서 끊임없이 몰려드는 축하객들을 영접하고 있었다. 부인의 남편인 백작이 몸소 그날 저녁식사에 손님들을 초대했다.

P. 19 커다란 식당에 80명의 손님이 앉을 식탁이 차려졌다. 모든 손님들 사이의 주된 화제는 베주호프 백작과 그의 서자 피에르였다. 피에르는 베주호프 백작이 총애하는 아들이다. 노백작이 죽음을 앞두고 있었기에 그가 막대한 재산을 상속받을 수도 있었다.

로스토프가를 찾은 마지막 손님이 떠날 즈음 갑자기 응접실 문이 활짝 열리더니 13살짜리 여자아이가 뛰어들어왔다. 그 뒤로 제복을 입은 청년 두 명, 15살된 여자아이, 8~9살쯤 된 남자아이가 따라 들어왔다. 그들은 방 한가운데에 갑자기 멈춰섰다. 청년 중 한 명은 백작부인의 아들 니콜라이였고, 다른 청년은 니콜라이의 친구인 보리스였다. 둘은 최근에 경기병대에 입대했다. 남자아이는 백작부인의 막내아들인 페트야였다. 두 여자아이 중 나이가 많은 쪽은 소냐였다. 날씬하고 머리카락이 갈색인 소녀의 시선은 오직 사촌인 니콜라이를 향해 있었다. 다른 여자아이는 눈동자가 검고 활기찼지만, 아직 여자다운 매력은 없었다.

P. 20 그녀는 백작부인에게 달려가 솔에 얼굴을 파묻고 웃음을 터뜨렸다.

"얘가 막내딸이랍니다. 오늘은 이 아이의 생일이기도 하죠. 이름은 나타샤예요." 백작부인이 말했다.

피에르는 며칠간 모스크바에서 지냈다. 그는 아버지 집에 머물며 아버지를 뵙기를 고대하고 있었다.

P. 21 베주호프 백작의 상속녀와 결혼한 바실리 공작은 하루 늦게 도착했다. 바실리는 피에르에게 아버지를 뵐 수 없을 것 같다고 말했다. 그때부터 피에르는 자기 방에만 틀어박혀 있었다. 보리스가 방문 앞에 나타났을 때 피에르는 그를 알아보지 못했다.

"저를 기억하시겠습니까? 베주호프 백작님은 저의 대부님이십니다. 어머니와 백작님을 뵈러 왔는데 몸이 안 좋으시군요." 보리스가 말했다.

"그렇습니다. 사람들이 항상 아버지를 귀찮게 하죠." 피에르는 이렇게 말하며 이 젊은이가 누군지 기억하려 애썼다.

"로스토프 백작님이 오늘 저녁식사에 초대하셨습니다." 보리스가 자기 소개도 하지 않고 말했다.

"아, 로스토프 백작님이요!" 피에르가 기뻐하며 소리쳤다. "그러면 당신은 백작님의 아드님인 일리야군요?"

"아닙니다. 저는 안나 마하일로브나 드루베츠카야의 아들 보리스라고 합니다. 로스토프 저택에 머물고 있죠. 로스토프 백작님의 존함이 일리야고, 아드님은 니콜라이지요. 그럼, 로스토프 백작님 댁에 저녁식사를 드시러 오시겠습니까?"

P. 22 바로 그때 하인이 들어와서 보리스에게 어머니가 떠나신다고 이야기했다. 피에르는 저녁식사 초대에 응하겠다고 약속하고 작별 인사를 하면서 보리스의 손을 다정하게 잡았다.

피에르가 로스토프 백작의 집에 도착했을 때 손님 대부분이 벌써 도착해 있었다. 보리스는 식탁에서 피에르의 옆자리, 나타샤의 맞은편에 앉았다. 피에르는 별말없이 낯선 얼굴들을 유심히 살펴보며 식사를 많이 했다. 나타샤는 13세의 여느 소녀들이 좋아하는 남자를 바라보는 시선으로 보리스를 보았다. 니콜라이는 줄리 카라기나 옆에 앉아 저녁식사 내내 미소를 지으며 이야기를 나누었다. 그들에게서 약간 떨어져 앉은 소냐는 음식은 거의 먹지 않고 두 사람의 모습을 지켜보았다. 그녀는 공손하게 미소짓고 있었지만 질투

심으로 애가 타는 기색이 역력했다.

저녁식사 후 카드 놀이를 하기 위해 테이블이 준비되자 나이든 손님들이 자리를 잡고 카드 놀이를 시작했다. 젊은 손님들은 클라비코드와 하프 주위로 모였다. 줄리가 먼저 연주했다. 연주가 끝나자 줄리와 다른 젊은 여성들은 나타샤와 니콜라이에게 노래를 불러 달라고 부탁했다.

"그럼, 좋아요. 하지만 소냐 언니도 함께 불러야 해요. 어디 있지?" 하고 나타샤가 말했다.

소냐는 방에 없었고 나타샤는 소냐를 찾아 위층으로 뛰어갔다.

P. 23 나타샤는 소냐가 침대에 얼굴을 묻고 누워있는 것을 보았다. 소냐는 어깨가 들썩거릴 정도로 심하게 울고 있었다.

"소냐 언니! 왜 그래? 무슨 일이야?"

소냐는 일어나 눈물을 닦기 시작했다. "니콜라이 오빠가 일주일 후면 군에 입대한대. 울면 안되는 건 알아. 하지만 아무도 이해하지 못할 거야. 너와 보리스는 결혼할 마음만 있으면 아무런 문제도 없이 할 수 있어. 하지만 니콜라이는 내 사촌이라서 대주교님의 허락이 필요해. 그리고 너희 어머니는 절대 결혼을 허락하지 않으실 거야. 베라 언니는 니콜라이가 줄리와 결혼할 거래. 너도 니콜라이와 줄리가 하루 종일 어떻게 지내는지 봤잖아."

"소냐 언니, 베라 언니 말은 믿지 마! 베라 언니가 짓궂은 거 알잖아. 니콜라이 오빠는 줄리에게 관심도 없어."

"그렇게 생각해? 정말이야? 진짜?" 소냐가 급하게 옷과 머리를 매만지며 말했다.

"정말, 진짜지!" 나타샤는 이렇게 말했고 둘은 함께 웃었다.

P. 24 "이제 가서 노래 부르자." 나타샤는 이렇게 말하며 복도를 따라 뛰어가기 시작했다.

피에르가 로스토프 백작이 베푼 호의를 만끽하는 사이 베주호프 백작은 여섯 번째로 발작을 일으켰다. 의사들은 회복이 불가능하다고 했다. 임종을 앞둔 백작은 피에르를 곁으로 불러달라고 했고, 사람을 보내어 피에르를 데리러 갔다. 곧 피에르와 자신이 피에르와 동행해야 한다고 여긴 보리스의 어머니 안나 미하일로브나를 태운 마차가 베주호프 백작의 집에 당도했다. 피에르는 아버지의 침실로 들어섰고 이어서 안나 미하일로브나와 바실리 공작,

공작의 여사촌 세 명이 뒤따랐다. 그들은 신부가 죽어가는 노백작에게 성사를 집전하는 모습을 지켜보았다. 피에르는 아버지 곁으로 가서 손에 키스하고 잠시 옆에 앉아 있었다.

"백작님은 이제 잠드셨어요. 나가요." 안나 미하일로브나가 말했다.

그들은 차가 준비되어 있는 거실로 나갔다. 잠시 후 사촌 세 명과 안나 미하일로브나는 다시 백작의 방으로 들어갔다가 얼마 지나지 않아 거실로 돌아왔다. 안나 미하일로브나는 조용하고 느린 걸음으로 피에르에게 다가갔다.

P. 25 "피에르!" 그녀는 이렇게 말하며 피에르의 이마에 키스했다. 그녀의 눈물이 피에르의 얼굴을 적셨다. "백작님은 이제 이 세상에 안 계세요."

3장

안드레이의 아버지인 니콜라이 볼콘스키 공작은 딸 마리아, 마리아의 친구인 브리엔 양과 함께 볼드 힐즈에 살았다. 잘생긴 오빠와는 달리 마리아는 눈은 아름다웠지만 외모는 너무나 평범했다. 마리아는 신앙이 독실했지만 아버지는 그녀의 신앙심을 너그럽게 받아들이지 못했다. 공작은 나태함과 미신이 죄악의 근원이며, 활동력과 지성은 미덕의 원천이라고 생각했다.

마리아는 근래에 친한 친구인 줄리 카라기나에게서 편지를 받았다. 줄리의 편지는 모스크바의 최근 소식으로 넘쳐났다. 줄리는 연로한 베주호프 백작이 별세하면서 바실리 공작에게는 유산을 남기지 않았다고 했다.

P. 26 백작의 아들인 피에르가 전재산을 상속받았고 바실리 공작이 한 친구에게 마리아와 자기 아들인 아나톨리와의 결혼을 추진하고 싶다는 말을 했었다는 내용도 있었다. 그 일은 아직 비밀인데 마리아가 어떻게 생각할지 궁금하다고 했다. 마리아는 생각에 잠긴 채 미소를 지으며 줄리의 편지를 읽었다. 그리고 종이를 꺼내 급하게 답장을 썼다.

줄리에게
　　난 어릴 때부터 피에르와 알고 지냈고 그의 선한 마음씨를 높이 평가해. 그런데 이제 그렇게 많은 재산을 상속받게 되었다니 걱정이 돼. 막

중한 책임이 따르는 일인데 피에르는 사람을 너무 잘 믿잖니. 우리 아버지는 결혼에 대해서는 아무 말씀 없으셨지만 바실리 공작님이 오실 거라는 말씀은 하셨어. 신이 내 앞에 펼쳐질 일 속에 결혼을 포함시켜 두고 계시다면 난 거기에 복종하고 남편에 대한 의무를 다할 거야.

주님과 성모님의 가호가 함께 하길 빌며

마리아로부터

P. 27 마리아가 편지를 봉하고 있을 때 현관 앞으로 마차가 들어섰다. 안드레이는 마차에서 내려 아내가 먼저 집 안으로 들어가도록 비켜섰다. 두 사람은 마리아가 앉아있는 방으로 들어갔다. 마리아는 애처로운 눈빛으로 오빠를 바라보았다.

"그럼 정말 전쟁에 나가는 거야, 안드레이 오빠?" 그녀가 한숨을 쉬며 말했다.

"응, 내일이야. 리자는 좀 쉬어야 해. 네 방으로 데려가. 나는 아버지께 갈 테니까."

다음날 안드레이는 배속된 연대에 입대하기 위해 볼드 힐즈를 떠나야 했다. 안드레이가 짐을 다 쌀 즈음 마리아가 그의 방으로 가서 작별 선물을 건넸다. 아름다운 은줄이 달린 작고 오래된 그리스도 성상이었다. 안드레이는 고맙다며 그녀를 껴안고 항상 간직하겠다고 했다. 짐을 마차에 다 싣고 안드레이는 아버지의 방으로 갔다.

"부탁드릴 게 있어요. 제가 죽고 나서 아내가 아들을 낳으면 제발 아버지가 키워주세요." 안드레이 공작이 말했다.

P. 28 "네 아내에게 맡기지 말고?" 노공작이 이렇게 말하며 웃었다. "일이 잘 안 풀리지, 그렇지?"

"잘 안 풀리다뇨, 아버지?"

"네 아내 말이다!" 노백작은 명쾌하고 의미심장하게 말했다. "도울 수 있는 일이 아니지. 전부 그런거야. 그렇다고 이혼할 수도 없고. 걱정하지 말거라. 아무한테도 말하지 않으마. 하지만 네 자신이 잘 알고 있을 테지."

부자는 말없이 서로를 바라보며 서 있었다. 노공작은 날카로운 눈초리로 아들을 응시했다.

"음, 작별 인사를 나눴으니 떠나거라!" 노공작이 갑작스레 노여운 듯 큰 소리로 말하며 방문을 열었다.

"무슨 일이에요? 뭐예요?" 마리아와 리자는 안드레이와 아버지가 문가에 서 있는 것을 보고 물었다.

안드레이는 한숨을 쉬고는 대답이 없었다. "글쎄!" 안드레이가 아내에게 고개를 돌리며 말했다. 마치 '이제 마음대로 해.'라고 말하는 듯했다.

"안드레이, 벌써 가는 거예요!" 리자의 얼굴이 창백해지면서 겁에 질린 표정으로 남편을 바라보며 말했다.

안드레이가 리자를 껴안자 그녀는 비명을 지르며 안드레이의 어깨 위에서 정신을 잃었다.

4장

P. 29 1805년 10월 러시아 군대는 오스트리아의 크고 작은 마을을 점령해 나갔다. 러시아에서 막 도착한 연대들은 브라우나우 요새에 진을 치고 있었다. 그곳은 러시아군 총사령관인 쿠투조프의 사령부였다. 쿠투조프는 근래에 합류한 보병 연대를 사열하는 중이었다. 쿠투조프가 병사들 사이를 지나갈 때 그들은 늠름한 얼굴로 서 있었다. 쿠투조프의 뒤로는 참모 장교 20명 정도가 따랐다. 참모진에는 안드레이 볼콘스키 공작도 있었다. 안드레이는 러시아를 떠난 지 몇 주밖에 되지 않았지만 모습은 많이 변해 있었다. 그는 열정으로 가득 찼고, 얼굴에는 자기 자신과 동료들에 대한 만족감이 뿜어져 나왔다. 쿠투조프는 안드레이의 아버지와 함께 복무했었기에 처음부터 친구의 아들인 안드레이를 아꼈다.

P. 30 새로 합류한 군대에 대한 쿠투조프의 사열이 끝난지 몇 시간 후 전선에서 보고가 들어왔다. 울름에서 오스트리아 군이 패배하여 전군이 프랑스에 항복했다는 것이었다. 쿠투조프는 3만5천명의 군대를 이끌고 빈을 지키기 위해 그곳으로 향했다. 진격 도중 브라우나우와 린츠 인근의 강에 놓인 다리들을 파괴했다. 보나파르트가 이끄는 수십만 명의 군대가 그들을 추격하고 있었다. 러시아군은 보급품이 부족했고, 프랑스군에게 추격당하자 진격을 멈

추고 계속 후퇴할 시간을 벌 수 있을 만큼만 전투를 했다. 그러나 쿠투조프의 군대가 치열하게 싸우면 싸울수록 프랑스군은 점점 힘을 얻었다. 곧 러시아군은 기진맥진했다. 쿠투조프에게 주어진 유일한 대안은 러시아에서 오는 병력과 합세하는 것이었다. 하지만 이는 거의 이루기 힘든 목표였다.

러시아군은 러시아에서 오는 증원 병력을 기다리기 위해 크렘스에서 진격을 멈췄다. 11월 1일, 쿠투조프는 현재의 위치에 머물 경우 나폴레옹의 군대가 곧 그의 군대를 포위하게 될 것이라는 소식을 들었다. 그러면 어쩔 수 없이 항복하거나, 부하들을 죽음으로 내몰거나 둘 중에 하나였다. 그는 크렘스에서 올뮈츠로 가는 길을 따라 퇴각하며 러시아에서 오는 병력과 합세하기로 결정했다.

P. 31 그는 바그라치온 공작이 지휘하는 대대 4천명을 고개 너머에 있는 빈과 츠나임 간의 도로로 보냈다. 바그라치온의 병력은 프랑스군과 전투를 벌여 그들의 진격 속도를 최대한 늦추는 임무를 맡고 있었다. 그사이 쿠투조프는 나머지 병력을 이끌고 츠나임으로 진군할 계획이었다. 바그라치온의 대대는 살을 에이는 폭풍이 부는 날 고개를 넘어 30마일을 행군했다. 츠나임 도로에서 바그라치온의 대대와 맞닥뜨린 프랑스군 지휘관 뮈라는 그 병력이 쿠투조프의 전군이라 여겼다. 그는 적군을 공격하기에 앞서 나머지 프랑스군이 도착하기를 기다리기로 했다. 뮈라는 전투를 지연시키기 위해 바그라치온에게 3일간의 휴전을 제의했다. 쿠투조프는 보고를 받고 프랑스군보다 먼저 츠나임에 도착할 시간을 벌기 위해 뮈라의 제의를 받아들였다. 그러나 나폴레옹은 뮈라의 제의에 대한 보고를 받고 뮈라에게 휴전 협정을 깨고 러시아군을 격퇴시키라고 명령했다. 나폴레옹은 만일에 대비해 직접 군대를 이끌고 전장으로 향했다.

P. 32 전황 보고를 위해 오스트리아 황제에게 급파된 안드레이는 사태가 이렇게 전개되는지 전혀 몰랐다. 임무를 마치고 돌아온 그는 나폴레옹이 다시 러시아군을 쫓고 있음을 알고 놀랐다. 그는 전투에 참가하기 위해 바그라치온 공작의 대대로 전속되기를 희망했다. 쿠투조프는 바그라치온의 부대는 승산이 없다고 말렸지만 안드레이가 뜻을 굽히지 않자 마지못해 허락했다. 늦은 오후, 예고도 없이 전투는 시작됐다. 뮈라는 나폴레옹의 명령을 받은 즉시 러시아군을 향해 발포를 시작하라는 지시를 내렸다. 전투는 혼란에 빠졌고

전략이 미비한 상태여서 양측에 많은 사상자가 발생했다. 밤이 되자 양측 군대는 퇴각했다. 다음날 프랑스군은 공격을 재개하지 않았고 바그라치온 부대의 잔존 병력은 쿠투조프의 군대와 합세했다.

5장

P. 33 바실리 공작은 의도적으로 계략을 짜내는 사람은 아니었다. 그래서 '피에르는 부자이고 나는 가난하니 내 딸 엘렌과 그가 결혼하도록 술책을 써야겠어.' 라고 마음속으로 생각하지는 않았다. 그러나 피에르에게 좋은 관직을 주선해 주었다. 그 후 이 젊은이에게 함께 페테르스부르크의 자기 집에 가서 머물자고 했다. 그는 피에르와 엘렌이 만나도록 온갖 방법을 동원했다.

피에르는 바쁜 나날을 보냈고 저녁에는 바실리 공작의 집에서 열리는 만찬과 무도회에 참석하며 바실리 공작 부부, 딸 엘렌과 많은 시간을 보냈다. 피에르는 엘렌이 매우 아름답기는 하지만 너무나 멍청한 여자라고 늘 생각했다. 그러던 어느 날 밤, 파티에서 엘렌이 피에르를 향해 미소를 지었다. 엘렌이 피에르에게 너무나 가까이 있어서 그는 엘렌의 향수 냄새와, 그녀가 움직일 때마다 코르셋이 삐걱거리는 소리를 알아차리게 되었다.

P. 34 그는 처음으로 엘렌의 육체를 의식하기 시작했고, 바로 그 순간 그녀는 자신의 아내가 되어야 한다는 생각이 들었다. 다른 선택의 여지가 없었다. '그녀로 인해 내 안에서 일어나는 감정은 불경스럽고, 그릇된 것이야. 그녀와 오빠 아나톨리가 사랑에 빠졌었다는 애기를 들었지. 세상이 떠들썩해지자 아나톨리는 떠나야 했고.' 그는 이렇게 생각했다. 하지만 피에르는 엘렌을 하찮은 존재로 여기면서도 어떻게 하면 그녀를 아내로 맞을 수 있을지 궁리했다. 그러나 꿈만 꿀 뿐이어서 결국 바실리 공작이 직접 나섰다. 3개월 후 피에르는 결혼했고, 사람들은 피에르가 아름다운 아내를 맞이한 행복한 남자라고 생각했다.

딸의 미래가 보장되자 바실리 공작의 관심은 아들 아나톨리에게로 향했다. 아나톨리도 좋은 배필을 만나야 했다. 이런 목표를 염두에 둔 바실리 공작은 니콜라이 볼콘스키 공작에게 서신을 보내 아들과 함께 곧 방문하겠다고 했다. 니콜라이 공작은 평소 바실리 공작을 탐탁지 않아 했다. 바실리 공작은 항상 자기보다 부유하고 권세있는 사람에게 달라붙어 적절한 때에 그들을 이용할 기회를 포착하는 드문 재주를 가진 사람이었다.

P. 35 이제 바실리가 자기 딸 마리아를 노리고 있음을 알게 되자 바실리에 대한 생각은 경멸로 변했다. 편지를 보내고 2주 후 바실리 공작이 아들 아나톨리와 함께 볼드 힐즈로 찾아왔다. 아나톨리는 노공작 니콜라이와 부자이나 못생긴 상속녀를 방문하는 일을 흥미롭게 생각했다. '음, 그렇게 돈이 많다니 그녀와 결혼해버릴까? 사람들 말처럼 그렇게 끔찍하게 생겼을까?' 하고 그는 생각했다.

마리아는 남편이 생기면 어떨지 떠올려 보았다. 그녀는 아래층으로 내려가며 '하지만 안 돼. 불가능해. 난 너무 못생겼잖아.' 하고 생각했다. 아나톨리가 마리아에게 다가가 손을 잡고 목례를 했다. 마리아는 자신의 손을 잡은 아나톨리의 부드러운 손을 느꼈고, 포마드 냄새가 풍기는 그의 눈부신 옅은 갈색 머리카락을 바라보았다. 아나톨리가 고개를 들자 마리아는 그가 얼마나 잘생긴 남자인지 알 수 있었다. 차를 마신 후 니콜라이 공작과 바실리 공작은 은밀히 이야기를 나누었다. 바실리 공작은 마리아와 아나톨리가 결혼하기를 바란다는 뜻을 내비쳤다.

P. 36 "제가 반대할 것 같습니까? 얼마나 좋은 생각입니까! 내일 공작님이 계신 자리에서 마리아에게 물어보겠습니다. 마리아가 마음이 있다고 하면 아나톨리를 여기서 지내도록 하며 지켜보지요." 니콜라이 공작이 말했다.

마리아는 아나톨리가 잘생긴데다 친절하고, 용감하고, 이기적이지도 않음을 알게 되었다. '그런데 내가 그를 너무 냉정히 대하는 건가? 내 마음은 이미 그를 향해 있는데 그는 내가 자기를 싫어한다고 생각할 지도 몰라.' 하고 그녀는 생각했다. 그래서 아나톨리에게 다정하고, 상냥한 모습을 보이려고 했으나 그러기에는 수줍음이 너무 많았다.

'가엾은 여자, 너무 못생겼잖아! 하지만 친구는 꽤 예쁘군. 마리아와 결혼하면 브리엔 양에게 같이 살자고 해야겠어.' 아나톨리는 생각했다. 저녁이 되어 잠자리에 들기 전에 아나톨리는 마리아의 손에 키스하고 돌아서서 친구의 손에도 키스했다. 이는 심히 결례가 되는 일이었다. 아나톨리는 브리엔 양에게 아무런 말도 하지 않았지만 그녀는 자신들이 로맨스로 발전하기 위한 첫

발을 내디뎠음을 알았다. 다음날 아침 두 사람은 따로 만날 기회를 엿보고 있었다. 마리아가 아버지 방으로 불려갔을 때 둘은 온실에서 만났다.

P. 37 니콜라이 공작은 아나톨리가 브리엔에게만 관심이 있어하는 것을 눈치챘다. 아나톨리가 브리엔 양을 유혹하려다면 마리아는 자존심에 상처를 받을 것이고 딸을 떠나보내지 않으려는 그의 의도대로 되는 것이다. '마리아는 어째서 그런 것도 눈치를 못 챌 수가 있지? 자기 입장은 제쳐둔다 쳐도 최소한 나를 위해서라도 자존심을 세워야하지 않겠어!' 니콜라이 공작은 이런 생각을 한 다음 마리아에게 바실리 공작의 청혼에 대해 이야기했다.

마리아는 아버지가 결혼을 반대하는 것을 알았지만 이렇게 말했다. "아버지 뜻대로 하겠어요. 하지만 제 생각을 말씀드려야 한다면…"

마리아가 말을 끝맺기도 전에 노공작이 가로막았다. "기특하구나!" 공작이 소리쳤다. "그 녀석은 지참금을 챙겨 너를 데려가고 덤으로 브리엔 양도 데려갈 생각이다. 브리엔이 아내가 되고 너는…" 공작은 자기 말에 딸이 어떤 기분인지 알아채고 말을 멈추었다. "그래, 농담이다! 넌 선택권이 있고, 네 인생의 행복이 그 결정에 달려 있음을 명심하거라."

P. 38 마리아는 비틀거리며 서재에서 나왔다. 행복한 운명이 펼쳐지는 와중에도 아버지가 브리엔 양에 대해 한 말은 몹시 불쾌했다. 어떻게 그런 생각을 할 수 있을까? 마리아는 온실을 지나 자기 방으로 가다가 귀에 익은 속삭이는 소리를 들었다. 마리아는 아나톨리가 브리엔을 껴안고 있는 것을 보았다. 그러자 브리엔 양은 소리를 지르며 도망쳤다. 아나톨리는 미소를 지으며 마리아에게 인사를 하고 어깨를 으쓱하며 방에서 나갔다.

1시간 뒤 하인이 마리아에게 와서 아버지의 방으로 가보라고 했다. 방으로 들어서자 바실리 공작이 얼굴에 너무나 만족스러운 미소를 머금고 있었다. 공작은 마리아가 아나톨리의 청혼을 받아들일 것으로 확신하고 있었다.

"공작님께서 아드님의 이름으로 너에게 청혼하신다." 니콜라이 공작이 큰 소리로 말했다. "아나톨리 쿠라긴의 아내가 되기를 원하느냐, 원하지 않느냐? 예, 아니오로 대답해 봐라."

"전 절대 아버지 곁을 떠나지 않겠어요. 결혼하고 싶지 않아요." 마리아는 이렇게 말하고 그 아름다운 눈으로 바실리 공작을 봤다가 아버지를 바라보았다.

P. 40 "바보 같은 소리! 말도 안 돼!" 볼콘스키 공작이 인상을 찌푸리며 딸의 손을 움켜잡고 외쳤다.

6장

츠나임 전투에서 경미한 부상을 입은 뒤로 니콜라이 로스토프는 사관후보생에서 장교로 진급했다. 그는 부모님께 편지를 써서 부상당한 일과 진급한 일을 전하고 장교 제복을 살 돈을 보내달라고 했다. 11월 중순에 니콜라이는 편지와 돈을 전해주겠다는 보리스의 전갈을 받았다. 부대가 현재 올무츠 인근에 주둔하고 있어서 니콜라이는 더더욱 돈이 필요했다. 부대에는 눈길을 끄는 온갖 종류의 물건을 파는 행상들로 들끓었다. 경기병들은 자주 연회를 벌였고, 여급이 있는 올무츠의 레스토랑을 빈번히 드나들었다. 니콜라이는 방금 진급 축하연을 마쳤고 츠나임에서 죽은 말을 대신할 말 한 마리를 샀다. 그는 상인들 뿐만 아니라 동료들에게도 빚을 졌다. 그는 막사에서 동료들과 체스를 두는 보리스를 발견했다.

P. 41 그와 보리스는 거의 반년 동안 만나지 못했는데 그 이후로 둘은 너무나 변해 있었다. 보리스가 니콜라이에게 부상에 대해 묻자 니콜라이는 사실대로 말하기가 너무 곤란해졌다. 말에서 떨어져 팔이 삔 정도는 결국 그다지 영웅다운 일은 아니었다. 니콜라이의 무용담을 듣는 사람들은 그가 어떻게 적을 공격하며 칼을 이리저리 휘두르고 다녔는지 하는 이야기를 듣고 싶어한다. 그래서 그는 사람들에게 그런 이야기만 했다.

다음날 러시아와 오스트리아의 황제들은 8만 명의 연합 군대를 사열했다. 사열이 끝나자 장교들은 삼삼오오 모여 이야기를 나누었다. 앞으로 이틀 안에 황제의 지휘 아래 적진을 향해 진격할 예정이었다. 모두들 승리에 대한 확신에 차있었다.

이틀 후 쿠투조프는 부관들의 수행을 받으며 소총병 대열 뒤에서 말을 타고 갔다. 반대편 야산에는 벌써 적군들의 모습이 보였다. 안드레이 공작은 5백야드 아래쪽으로 프랑스군의 대열을 볼 수 있었다.

P. 42 '드디어 왔다! 나한테 기회가 온 거야.' 안드레이는 이렇게 생각하며

쿠투조프에게 달려갔다. 그 순간 사방으로 연기가 자욱하게 일더니 근거리에서 총성이 울렸다. 안드레이의 주위에서 누군가가 겁에 질린 목소리로 외쳤다. "동지들! 모두 죽었소!" 모두가 다시 야산 위로 뛰어올라가기 시작했다. 쿠투조프는 볼에 피를 흘리며 그 자리에 남아있었다. 안드레이는 위험을 무릅쓰고 쿠투조프 쪽으로 다가가서 부상을 당했는지 물었다.

"상처를 입은 건 저쪽이다!" 쿠투조프가 도주하는 병사들을 가리키며 말했다. "저들을 멈춰 세워!"

안드레이는 언덕 기슭에 위치한 러시아 포대가 아직 포격 중임을 알았다. 프랑스군은 러시아군의 포대를 공격하다가 쿠투조프를 발견하자 그를 향해 공격을 퍼부었다. 갑작스레 쿠투조프가 다리를 움켜잡았다. 또 부상을 당한 것이다! 깃발을 들고 있던 소위가 기를 놓쳤다. 그러자 깃발은 흔들리다 땅에 떨어졌고 병사들은 마구잡이로 총을 쏘아댔다.

"오오오!" 쿠투조프가 절망에 빠져 신음 소리를 뱉으며 주위를 둘러보다가 "볼콘스키!" 하고 속삭이듯 말했다.

쿠투조프가 말을 마치기도 전에 안드레이가 말에서 뛰어내려 깃발을 집어 들었다. "전진하라, 병사들이여!" 주위로 날아다니는 총탄 소리를 들으며 그가 외쳤다.

P. 43 안드레이는 병사들이 자기를 따를 것으로 여기고 자신감에 충만해 앞으로 뛰어나갔다. 그가 몇 발자국 떼자마자 전 대대가 앞으로 달려들어 그를 덮쳐버렸다.

하사관이 안드레이의 손에서 깃발을 건네들었지만 곧 전사했다. 안드레이는 다시 깃발을 잡고 부대와 함께 계속 뛰었다. 그때 갑자기 누군가가 몽둥이로 그의 머리를 내려치는 듯한 느낌이 들었다. '이게 뭐지? 내가 쓰러지는 건가? 다리에 힘이 빠지는데.' 이런 생각을 하며 그는 뒤로 쓰러졌다. 눈을 뜨자 앞에는 하늘 밖에 보이지 않았다. '왜 전에는 저 하늘을 보지 못했을까? 결국 저 하늘을 보게 되다니 행운이군! 고요와 평화만이 존재하는구나. 하느님, 감사합니다!'

7장

P. 44 1806년 초, 니콜라이 로스토프는 휴가를 얻어 모스크바의 집으로 돌아왔다. 동료인 데니소프도 동행했고 며칠간 함께 지내기로 했다. 니콜라이는 집에 도착하자 가족을 찾아 이방저방 뛰어다녔다. 응접실로 가기 전에 가족들이 그를 발견했다. 곧 소냐, 나타샤, 페트야, 베라 그리고 그의 어머니와 아버지를 비롯한 전가족이 그와 포옹했다.

다음날 아침 니콜라이는 실내복을 입은 채 가족들을 보러 갔다. 소냐가 그를 보고 피해 달아나자 나타샤가 그를 데리고 거실로 가서 말을 꺼내기 시작했다.

"왜 소냐가 도망가는 거야?" 니콜라이가 물었다.

"아, 얘기하자면 길어! 음, 소냐 언니는 오빠를 사랑해. 오빠가 떠나기 전에 소냐 언니와 약속을 했다고 들었어. 하지만 소냐 언니는 오빠가 그 약속을 잊어버려야 한다고 하더라고. 언제까지든 오빠를 사랑할 테지만 자유롭게 놓아주고 싶대."

"난 약속을 어기지 않아."

"그래, 맞아!" 나타샤가 소리쳤다. "우리도 오빠가 그렇게 말할 줄 알았어. **P. 45** 그렇지만 소냐 언니는 그 약속 때문에 구속감을 느끼는 걸 원치 않을 거야. 그러면 오빠가 원해서가 아니라 의무감 때문에 자기와 결혼한다고 생각할 거고. 그런 건 아무 소용도 없어."

니콜라이는 두 사람이 그 문제에 대해 깊이 생각했음을 알 수 있었다. 소냐는 16살의 매력적인 소녀였고 그와 열렬히 사랑에 빠졌음이 분명했다. 하지만 그에겐 즐기고, 관심을 기울일 일들이 너무 많았다! '그래, 현명한 결정을 한 거야. 난 구속받고 싶지 않아.' 니콜라이는 생각했다.

"그래, 좋은 생각이야. 나중에 계속 얘기해 보자. 보리스를 향한 네 마음은 여전한거야?" 그가 말했다.

"아, 말도 안되는 소리!" 나타샤가 웃으며 소리쳤다. "그 사람 생각은 이제 안 해."

"그럼 요즘 네 관심사는 뭐니?"

"지금 말야?" 나타샤가 환한 미소를 지으며 말했다. "유명한 무용수 듀포트

본 적 있어? 음, 그 사람한테 관심 있어. 결혼은 절대 안 하고, 대신에 무용수가 될 거야. 결혼은 누구와도 하고 싶지 않다고."

P. 46 잠시 후 니콜라이는 응접실에서 소냐와 마주치자 얼굴을 붉혔다. 그러나 두 사람은 자주 눈길이 마주쳤다. 그녀의 표정은 그에게 둘의 약속을 상기시킨데 대한 용서를 구하며 그의 사랑에 감사의 뜻을 나타내고 있었다. 그의 표정은 소냐가 자신을 속박하지 않은데 감사하며 그녀를 계속 사랑할 것이라 말하고 있었다. 백작부인은 두 사람의 눈빛을 보자 그 의미를 헤아리고 안도했다. 두 사람의 설익은 사랑 때문에 니콜라이가 좋은 배필을 만나는 데 방해가 되지 않을까 걱정했던 것이다.

니콜라이는 자신이 부쩍 자라 성숙해진 기분이었다. 그는 경기병대의 중위였고 성 조지 십자훈장을 달고 있었다. 이는 전투 중의 용맹함을 인정받아 수여되는 것이었다. 그는 소냐에 대해서는 세상에 존재하는 무수한 여자들 중 하나일 뿐이라고 생각했다. 게다가 여자와 너무 오랜 시간을 어울려 다니는 일은 왠지 남자답지 못하게 여겨졌다. 경마, 도박, 데니소프와 놀러다니는 일이 용맹하고 젊은 경기병에게는 더 잘 어울렸다!

8장

P. 47 3월 3일 영국 클럽에서 바그라치온 공작을 치하하는 만찬이 열렸다. 러시아군은 전투에서 패했지만 공작은 오스트리아 군사 작전의 영웅으로 러시아 전역에 이름을 떨치고 있었다. 바그라치온 공작은 아우스터리츠 전투에서 퇴각하며 자기 부대보다 두배나 많은 수의 적군을 무찔러서 용맹을 떨치고 있었다. 니콜라이는 데니소프, 돌로호프와 같은 테이블에 앉았다. 피에르는 그들 맞은편의 네스비츠키 공작 옆에 앉아 있었다. 여느 때처럼 피에르는 열심히 먹고 마셨다. 하지만 그는 우울했으며 낙심에 빠져 있었다. 고통의 원인은 그날 아침에 받은 익명의 편지였다. 그의 아내가 돌로호프와 염문이 있다는 것이었다. 이미 피에르는 엘렌과 돌로호프 사이의 애정 관계에 관한 소문을 들은 바 있었지만 무시하려 애썼다. 그러나 돌로호프가 능히 다른 남자의 아내를 탐할 수 있는 사람이란 것을 알고 있었다.

P. 48 황제의 건강을 위해 축배를 들 때, 생각에 잠겨 있던 피에르는 자리에서 일어나지도 잔을 들지도 않았다.

"황제의 건강을 위해 축배를 들지 않을 건가요?" 니콜라이가 소리쳤다.

피에르는 한숨을 쉬며 일어나 잔에 담긴 술을 마셨다. 그리고 자리에 털썩 주저앉았다.

"아름다운 여인들, 그리고 그들의 연인들을 위해서!" 돌로호프가 말했다.

엷은 미소를 지으며 돌로호프는 피에르를 향해 잔을 들었다. 바로 그때 쿠투조프의 칸타타가 적힌 종이를 나누어 주던 하인이 만찬의 귀빈인 피에르의 앞에 한 장 놓았다. 피에르가 집으려 하자 돌로호프가 그의 손에서 종이를 가로채 갔다.

"감히 그걸 **빼앗아가다니?**" 그는 소리를 질렀다.

돌로호프는 잔혹한 눈빛으로 피에르를 노려보며 미소를 지었다. 그 미소는 '그래! 내가 원하는 게 이거야!'라고 말하는 듯 했다.

"돌려주지 않겠어!" 돌로호프가 분명한 어투로 말했다.

얼굴이 하얗게 질려 입술을 바르르 떨던 피에르는 종이를 다시 잡아챘다.

"이 불한당 같으니!" 피에르가 소리쳤다. "너에게 결투를 신청하겠다!"

P. 49 피에르는 이 말을 꺼내며 아내의 부정에 대한 풍문이 사실임을 확신했다. 아내가 증오스러웠고 다시는 같이 살고 싶지 않았다.

다음날 아침 8시에 피에르와 네스비츠키가 소콜니키 숲으로 마차를 타고 가니 돌로호프, 데니소프, 니콜라이는 이미 도착해 있었다. 네스비츠키는 피에르의 결투 입회인이 되기로 했고, 니콜라이는 돌로호프의 입회인 역할을 했다. 눈 위에 경계를 표시하기 위해 기병도를 꽂고 권총이 장전되자 네스비츠키가 피에르에게 다가갔다.

"입회인으로서 의무를 다하기 위해 말하겠네. 이 결투를 할 이유가 없네." 네스비츠키가 말했다.

"그래, 맞아. 너무나 어리석은 일이지." 피에르가 부드럽게 미소지으며 말했다. "하지만 그렇다 해도 돌이킬 수 없어." 그는 네스비츠키에게 한 번도 권총을 쏴본 적이 없다는 말은 하지 않았다.

피에르와 돌로호프는 40걸음 떨어져 섰으나 짙은 안개 때문에 서로를 볼 수가 없었다. 둘의 입회인들이 눈을 밟아 길을 내놓았고 그 길을 따라 경계선까지 가면 되었다.

P. 50 기병도 쪽으로 다가가는 도중에 언제든 총을 쏠 수 있었다. 피에르는 재빨리 앞으로 나아가다가 돌로호프 쪽을 바라보며 총을 발사했다. 돌로호프는 한 손으로 왼쪽 옆구리를 누르며 다른 손으로는 맥없이 늘어진 권총을 움켜쥐고 있었다. 그의 얼굴은 백짓장처럼 하얬다.

P. 51 그는 비틀거리며 기병도가 있는 쪽으로 걸어가서 눈 위에 풀썩 주저앉았다. 피에르가 돌로호프 쪽으로 달려가자 그가 소리쳤다. "경계선으로 가!" 피에르는 기병도가 꽂힌 곳에 멈췄다. 서로 10걸음 정도밖에 떨어져 있지 않았다. 돌로호프는 일어나 앉아서 남은 전력을 다해 권총을 들고 조준했다.

"옆으로 비켜서게! 권총으로 엄호해!" 네스비츠키가 피에르에게 소리쳤다.

피에르는 온화한 미소를 지으며 넓은 가슴을 돌로호프 쪽을 향한 채 서 있었다. 데니소프, 니콜라이, 네스비츠키는 눈을 질끈 감았다. 바로 그때 총성이 울리고 돌로호프의 성난 목소리가 들려왔다.

"빗나갔군!" 이렇게 외치며 돌로호프는 눈 위에 얼굴을 묻고 쓰러졌다.

피에르는 돌아서서 숲으로 들어가며 중얼거렸다. "어리석군… 어리석어! 죽음… 거짓말…" 그는 이 말을 계속 반복했다. 네스비츠키가 그를 멈춰 세워서 집으로 데려갔다. 니콜라이와 데니소프는 부상당한 돌로호프를 마차에 태워 떠났다.

P. 52 그날 밤 피에르는 다음날 페테르스부르크로 떠나기로 마음먹었다. 그는 엘렌에게 영원히 헤어지고 싶다는 내용의 편지를 남길 작정이었다. 그러나 아침이 되자 엘렌이 방으로 와서 그를 깨웠다.

"그래 당신이 영웅이라고요, 그래요? 그 결투는 왜 한 거예요? 바보 같으니라고! 돌로호프가 당신보다 낫군요. 어떻게 그를 나의 연인으로 생각할 수 있었죠?"

"더 이상 얘기하지 마시오… 제발 부탁이오." 피에르가 중얼거리듯 말했다. "우린 헤어지는 게 좋겠소."

"헤어진다고요? 좋아요. 위자료만 준다면 해주죠."

피에르는 벌떡 일어나 그녀에게로 달려가 소리쳤다. "죽여 버리겠어!"

엘렌은 비명을 지르며 급히 옆으로 몸을 피했다. 피에르는 "꺼져버려!" 하고 소리질렀다. 그 목소리는 집안 전체에 다 들릴 정도로 컸다. 엘렌은 방에서 뛰쳐나갔다. 일주일 뒤 피에르는 대러시아에 있는 상당량의 재산을 엘렌에게 양도하고 혼자 페테르스부르크로 떠났다.

9장

P. 53 페테르스부르크로 가는 도중의 토르조크 역에서는 말을 빌릴 수 없었다. 피에르는 얼마나 기다려야 할지 알 수 없었지만 개의치 않았다. 그는 대기실의 소파에 누워서 생각에 잠겼다. 그는 결투를 한 날 이후 줄곧 같은 생각으로 골머리를 앓고 있었다. 무슨 생각을 해도 늘 이런 질문으로 귀결되었다. '무엇이 악한 것인가? 무엇이 선한 것인가? 무엇을 사랑하고 무엇을 미워해야 하는가? 인간은 무엇을 위해 사는가? 나는 어떤 존재인가? 삶이란 무엇이고 죽음이란 무엇인가?' 그가 생각해낸 유일한 답은 '언젠가는 죽고 모든 것이 끝날 것이다. 우리가 아는 거라곤 결국 아무 것도 모른다는 것이다. 그것이 인간이 가진 지혜의 한계다.' 라는 것이었다.

다른 여행객이 오자 그는 생각을 멈췄다. 키가 작고 골격이 큰 노인이었는데 눈썹은 숱이 많고 회색이었다.

P. 54 피에르는 소파에서 일어나 침대에 누웠다. 나그네는 소파에 앉아 커다란 머리를 뒤로 기댄 채 피에르를 바라보았다. 나이든 하인이 주전자에 차를 끓이기 시작했다. 차가 다 준비되자 나그네는 탁자로 옮겨가 큰 잔에 자기가 마실 차를 따르고 하인에게도 한 잔 따라주었다. 하인이 그에게 책을 건네주자 그는 책을 읽기 시작했다. 그러다 갑자기 책을 덮더니 소파에 기대어 눈을 감았다. 피에르는 그를 바라보았다. 노인은 눈을 뜨고 피에르의 얼굴을 똑바로 쳐다보았다. 피에르는 당황해서 시선을 돌리려고 했으나 노인의 번뜩이는 눈을 피할 수 없었다.

"제 기억이 맞다면 베주호프 백작님이시죠? 당신의 이야기는 들어서 알고 있죠. 불행한 삶을 산다는 것도요. 당신은 젊고 전 늙었지만 당신이 행복하지 않은 건 알고 있답니다. 할 수만 있다면 도와드리고 싶은데요. 저는 프리메이슨 단원이고 그들과 저의 이름을 빌어 당신에게 형제애의 손을 내밀겠습니다."

"죄송하지만 제가 세상을 보는 시각이 당신들과 반대인 것 같습니다. 저는 신을 믿지 않습니다."

"그렇습니다. 당신은 그 분을 알지 못합니다, 백작님.
P. 55 그래서 불행한 것이죠."

"그럼 제가 어떻게 해야 하죠?"

"당신은 돈이 많은 데다 똑똑하고 교육도 잘 받은 분이죠. 그런데 그런 훌륭한 재능을 어디에 썼습니까? 수십만 명의 농노들에 대해 생각해 보셨습니까? 육체적으로나 정신적으로 도움을 준 적이 있나요? 아닙니다! 당신은 게으름을 피우며 살아왔습니다. 그리고 결혼해서 아내가 당신을 속이며 고통받게 만들었죠. 한 남자가 모욕하자 그를 쏴버렸고요. 그러고도 신을 모른다며 자신의 삶을 경멸하고 있군요. 이상할 건 전혀 없습니다, 백작님!" 나그네는 목소리를 가다듬고 하인을 불렀다. 짐을 다 싼 뒤 그는 피에르 쪽을 바라보았다. "이제 어디로 가실 건가요, 백작님?" 그가 정중히 물었다.

"저는 페테르스부르크로 갑니다." 주저하는 어투로 피에르가 대답했다. "하신 말씀에 전부 동의하지만 저를 그렇게 나쁘게만 생각하지 마십시오. 제 영혼을 다해 당신이 원하는 대로 하고 싶습니다. 도와주시고 가르쳐 주십시오." 그는 더 이상 말을 잇지 못했다. 그는 목이 메어 고개를 돌렸.

P. 56 나그네는 오랜 동안 잠자코 있었다. 그리고 공책을 꺼내 종이에 몇 글자 적었다. 그는 적은 것을 피에르에게 주고 페테르스부르크에 있는 윌라스키 백작을 만나 보라고 했다.

페테르스부르크에 와서 피에르는 아무에게도 도착 사실을 알리지 않았다. 그는 하루 종일 네덜란드 출신 수도사 토마스 아 켐피스가 쓴 종교 서적을 읽었다. 익명의 누군가가 그에게 보내준 책이었다. 책을 읽으며 그는 전에는 알지 못했던 희열을 맛보았다. 도착 일주일 뒤 저녁에 젊은 폴란드 백작 윌라스키가 그의 방으로 찾아왔다.

"우리 형제단의 고위 성직자 분께서 당신을 교단에 받아달라고 요구하셨습니다." 그가 앉지도 않고 말했다. "제게 당신의 대부가 되어 달라고 하시더군요. 그 분의 청을 들어드리는 것이 성스러운 의무라고 생각합니다. 저를 대부로 삼아 프리메이슨단에 들어오시겠습니까?"

"예, 원합니다."

윌라스키는 고개를 끄덕였다. "한 가지 더 여쭙겠습니다, 백작님. 솔직하게 대답해 주시기 바랍니다. 이전의 신념을 버리셨는가 하는 겁니다. 신을 믿으십니까?"

P. 57 "예, 믿고 말고요."

"그렇다면 함께 가시죠. 마차가 밖에 기다리고 있습니다."

두 사람은 프리메이슨 본부가 있는 저택의 안뜰로 들어섰다. 집에 들어가기 전에 피에르의 눈은 가려졌다.

"무슨 일이 일어나더라도 전부 남자답게 견디셔야 합니다. 문을 노크하는 소리가 들리면 가리개를 푸십시오." 윌라스키가 말했다.

그는 피에르의 손을 꼭 잡고 밖으로 나갔다. 기묘하고도 비밀스러운 의식이 차례대로 진행된 뒤 마침내 눈가리개를 풀자 피에르는 프리메이슨 단원이 되어 있었다. 그는 기독교에 대한 프리메이슨의 견해를 수용했고, 이제 신의 전능한 힘도 믿게 되었다. 그는 삶을 사랑했던 만큼 죽음도 사랑하는 법을 배우기로 결심했다. 일주일 후 그는 자선 사업에 쓰일 거액의 돈을 메이슨에 기부했다. 그리고 자신의 영지로 갔다. 그는 농노들을 해방시키고 그들의 삶을 향상시키기로 마음먹었다.

10장

P. 58 아우스터리츠의 전투 소식과 안드레이가 실종되었다는 소식이 볼드힐즈에 전해지고 2달이 지났다. 그의 시신은 발견되지 않았고, 포로 명단에 이름이 들어있지도 않았다. 그가 살아남아 이방인들 사이에서 부상을 회복하고 있을 가능성은 아직 남아있었다. 노공작은 안드레이가 전사했다고 생각을 굳혔다. 그는 이전의 생활 방식을 바꾸지 않으려 했으나 이제는 기력이 따라주지 않았다. 식사량과 수면 시간도 줄고, 날이 갈수록 쇠약해져갔다. 마리아는 희망을 버리지 않았고 오빠를 위해 기도하며 그의 생환 소식을 고대했다.

1806년 3월의 어느 추운 날 리자에게 첫 번째 산통이 왔다. 모스크바에서 온 독일 의사에게 왕진을 부탁하러 사람을 보냈고, 그날 저녁에 의사를 기다리고 있었다. 마리아는 하인들을 말에 태워 의사를 집까지 안내해 오게 했다. 그녀는 마차 소리를 듣고 손님을 마중하러 나갔다. 계단을 반쯤 내려갔을 때 귀에 익은 목소리가 들렸다.

P. 59 마리아가 '안드레이 오빠다!'라고 생각한 바로 그 순간 안드레이가 현관에 모습을 드러냈다. 그는 창백하고 여윈데다 예전과 달리 이상하리만치 온화한 표정을 짓고 있었다. 그는 계단을 올라와 동생을 끌어안았다. 안드레이에 뒤이어 현관에 들어온 의사는 안드레이를 따라 리자의 방으로 들어갔다.

리자는 베개에 기대 침대에 누워 있었다. 리자의 눈은 어린아이처럼 공포심으로 그득했고 그 표정 그대로 안드레이를 쳐다보았다. '당신들 모두를 사랑했고, 누구에게도 해를 끼친 적 없어요. 그런데 왜 이렇게 고통받아야 하죠?' 리자의 표정은 이렇게 말하는 듯했다.

안드레이는 리자에게 다가가서 이마에 키스하며 말했다. "여보!" 전에는 부인을 그렇게 불러본 적이 없었다. "신은 자비로우신 분이오."

산통이 다시 시작되자 마리아는 안드레이에게 방에서 나가달라고 했다. 그는 리자의 방 옆방에 앉아 기다렸다. 무기력하고, 짐승같은 신음소리가 문 밖으로 새어나왔다. 그는 방 안을 왔다갔다 했다. 그러다가 끔찍한 비명소리를 들었다. 비명이 멈추자 아기 울음소리가 들렸다.

P. 60 그는 손으로 머리를 감싸고 어린아이처럼 울기 시작했다. 침실 문이 열리자 그는 방에서 나오는 의사를 쳐다보았다. 의사는 당황한 표정으로 그를 바라보더니 한 마디 말도 없이 그를 지나쳐 갔다. 안드레이가 아내의 방으로 들어가자 그녀는 5분 전에 보았던 자세 그대로 누워 숨져 있었다. 방 한 구석에 붉그스레하고 자그마한 것이 마리아의 품에서 목청 높여 울고 있었다. 안드레이는 아내에게 작별 인사를 하고 아버지의 방으로 들어갔다. 문이 열리자마자 노공작은 아들의 목을 감싸 안고 아무런 말도 없이 흐느꼈다. 사흘 뒤 리자 공작부인은 묻혔다. 다시 닷새 뒤 공작의 아들 니콜라이 안드레예비치는 세례를 받았다.

전쟁은 다시 불붙기 시작하여 러시아 국경 쪽으로 접근하고 있었다. 노공작 볼콘스키, 안드레이 공작, 공작의 딸 마리아의 삶에도 변화가 왔다. 노공작은 러시아 전역에서 신병 징집을 감독하는 일을 맡게 되었다. 마리아는 매일 아이방에서 지내며 어린 조카의 어머니 노릇을 했다.

P. 61 노공작은 볼드 힐즈에서 25마일 떨어진 곳에 있는 보구차로보 대영지를 안드레이에게 넘겨주었다. 전쟁이 재개되자 안드레이는 군에 복귀하지 않기로 결심했다. 대신 아버지 밑에서 신병 징집 일을 맡았다. 1807년 6월 프리드란트에서 전투가 벌어지고 바로 뒤이어 휴전 협정이 맺어지자 러시아는 평화기로 접어들었다. 안드레이는 혼자 있고 싶어서 보구차로보 영지에 건물을 세우고 거의 그곳에서 지냈다.

11장

피에르는 우선 가장 많은 농노들이 딸린 키예프 주로 갔다. 그는 집사들을 전부 불러 자신의 의도와 희망 사항을 설명했다. 그는 농노를 해방시키고 싶다고 말했다. 그때까지 농노들의 일을 덜어주고, 아이가 있는 여자들에게는 일을 시키지 말라고 지시했다.

P. 62 체벌은 금지하며, 모든 영지 내에 병원과 학교를 건립할 계획이라고 했다. 집사장은 농노 노동의 필요성을 주장했지만 피에르는 동의하지 않았다. 키예프에서 그는 인류를 교화하려 애썼고 사람들에게 관대하게 대했다. 1807년 봄 그는 페테르스부르크로 돌아가기로 결심했다. 가는 길에 모든 영지를 방문해 농노들의 삶이 나아졌는지 직접 확인할 작정이었다.

영지들은 전부 다른 곳보다 아름답게 변모해 있었다. 농노들의 삶도 여유로워져서 피에르가 베푼 혜택에 감사했다. 하지만 피에르는 아이를 키우는 여자들이 피에르의 영지에서 일하던 때보다 자신들의 땅에서 더 힘겹게 일한다는 사실을 몰랐다. 성직자들이 학생들의 부모에게 돈을 갈취한다는 것을 몰랐다. 건물을 지은 인부들이 전보다 더 착취당하면서도 돈은 더 적게 번다는 사실도 알지 못했다. 그래도 그는 영지를 방문하며 기쁨에 들떴다. '덕을 많이 베푼다는 것은 얼마나 손쉬운 일인가.' 그는 이렇게 생각했다. 집사장은 이런 일들이 피에르에게 어떤 영향을 주는지 알았다. 그는 지금 상태로도 행복한 농노들을 해방시키는 것은 쓸데없는 짓이라고 계속 우겨댔다.

P. 63 하지만 피에르는 그들을 해방시켜야 한다고 고집을 부렸다. 집사는 백작이 바라는 대로 이루기 위해 힘닿는 데까지 최선을 다하겠다고 약속했다.

영지에서 돌아오는 길에 피에르는 2년 동안 보지 못한 안드레이의 집을 찾기로 했다. 보구차로보의 영지에는 이제 별채, 마굿간, 욕실, 오두막, 반쯤 짓다 만 커다란 벽돌 건물이 들어서 있었다. 안드레이가 그를 맞으러 나오자 피에르는 그가 달라졌음을 확연히 느꼈다. 안드레이는 다정하게 이야기했고 입가에는 미소를 머금고 있었으나 눈빛은 멍하고 생기가 하나도 없었다. 둘은 잠시 앉아서 이런저런 이야기를 나누었다. 대화는 차츰 그들의 과거와 미래의 계획에 대한 이야기로 흘러갔다. 피에르가 과거와 미래에 대해 이야기하는 동안 안드레이의 침울한 감정은 점점 확연히 배어나왔.

"그래, 자네의 계획은 뭔가?" 결국 피에르가 물었다.

P. 64 "계획이라!" 안드레이가 피에르의 말을 되풀이했다. "내 계획은? 음, 내년에는 이곳에 아주 정착할 생각이야."

피에르는 말없이 날카로운 눈빛으로 안드레이의 얼굴을 살폈다.

"이렇게 하지, 친구. 나는 오늘 볼드 힐즈로 돌아갈 생각인데 자네도 같이 가게나. 저녁식사 후에 출발하지." 안드레이가 말했다.

저녁에 안드레이와 피에르는 마차를 타고 볼드 힐즈로 갔다. 피에르는 안드레이가 침울한 것을 눈치채고 어떻게든 기분을 풀어주려했다. 그래서 그는 프리메이슨에 대해 설명하기 시작했다. 그는 프리메이슨이 평등, 형제애, 사랑을 강조하는 기독교 교파라고 말했다. 두 사람이 강가에 이르자 강이 범람하여 나룻배를 타고 건너야 했다. 안드레이는 배의 난간에 팔을 걸치고 석양에 반짝이는 물을 묵묵히 바라보았다.

"자, 어떻게 생각해? 왜 말이 없어?" 피에르가 물었다.

"내가 어떻게 생각하냐고? 자네 말을 듣고 있었지. 나에게 단원이 되어 삶의 의미와 세상을 지배하는 법칙을 깨우치라고 했지. 그런데 자네가 보는 걸 난 왜 못 보는 걸까? 자네에게는 지구상에 존재하는 선과 진리가 보이는데 난 아니라네.

P. 65 이 세상의 인간에게 미래는 없는 것 같네."

피에르가 중간에 끼어들었다. "이 세상에 선과 진리가 보이지 않는다고 했나? 나도 마찬가지였다네. 모든 일의 종국에서 삶을 바라볼 때는 그랬지. 그런데 나 자신이 이 광대하고 조화로운 우주의 일부라는 사실이 영혼으로 느껴지네. 나를 초월한 곳에 영혼이 있고, 이 세상에는 진리가 있다고 믿어. 그게 바로 미래의 삶이지."

"사랑하는 친구. 날 설득하지는 못할 걸세. 자네가 사랑하는 사람이 갑자기 고통과 고난의 수렁에 빠져 더 이상 존재하지 않는다면? 그건 왜 그런가? 손을 맞잡고 있던 누군가가 갑자기 어딘가로 사라져버린다면 말이야."

"우리는 이 지구상에서 오늘만 사는 것이 아니고 과거에도 살아왔고 앞으로도 저기에서 영원히 살아가게 될 거야." 피에르가 하늘을 가리키며 말했다. "신이 존재하고 미래가 존재한다면 진리와 선도 존재하는 거라네."

안드레이는 푸른 물 위에 붉게 어린 태양을 바라보고 한숨을 지으며 말했다. "그래, 그렇기만 하다면야!

P. 66 이제 내리지." 그는 나룻배에서 내리며 피에르가 가리킨 곳을 올려다보았다. 아우스터리츠 전장에 누워서 보았던 이후 처음으로 높고도 변함없는 하늘을 바라보았다.

P. 67 갑작스레 그의 영혼에서 환희와 젊은 기운이 불끈 솟아올랐다. 피에르와의 만남은 안드레이 공작의 삶에 있어 획기적인 사건이었다. 겉으로는 예전 방식대로 살았지만 그의 내면에서는 새 삶이 시작되었다.

12장

P. 70 안드레이 공작은 2년 내내 시골에서 지냈다. 그는 피에르가 자신의 영지에서 시도했으나 실패했던 것과 똑같은 일들을 성공적으로 이뤘다. 안드레이의 농노들은 해방되어 자유 농업 노동자가 되었다. 성직자들에게 보수를 주고 농부와 집안 하인의 아이들에게 읽기, 쓰기를 가르치게 했다. 그는 반은 볼드 힐즈에서, 나머지 반은 보구차로보에서 시간을 보냈다. 그런 와중에도 그는 국내외 정세에 관심을 기울였다.

1809년 5월 중순, 그는 용무가 있어 일리야 로스토프 백작을 찾아갔다. 그가 오트라드노예에 있는 로스토프 백작의 전원 저택으로 마차를 몰아가고 있을 때 나무 뒤에서 여자아이들의 경쾌한 고함소리가 들려왔다. 오른쪽을 바라보자 여자아이 몇 명이 마차 길을 건너려고 뛰어오고 있었다. 맨 앞에는 날씬하고 머리카락이 검은 예쁘장한 아이가 노란 사라사 무명 드레스를 입고 뛰고 있었다. 갑작스레 그는 마음이 아파왔다. '저 아이는 무슨 생각을 하고 있는 걸까? 왜 저렇게 행복한 거지?' 하고 생각했다.

P. 71 로스토프 백작은 안드레이 공작을 만나게 되어 기뻐하며 자기 집에서 묵고 가라고 했다. 낮 동안 안드레이는 계속 나타샤가 다른 아이들과 웃고 있는 모습을 지켜보았다. 그때마다 그는 속으로 이렇게 물었다. '무슨 생각을 할까? 왜 저렇게 행복할까?' 그날 밤 그는 잠을 이루지 못했다. 그는 창문을 열고 하늘을 올려다봤다. 그때 위쪽의 방에서 여자들의 목소리가 들렸다.

"언제 잘 거니?" 하는 목소리가 들려왔다.

"안 잘 거야. 잠이 안 와. 자면 뭐 해?" 낯익은 목소리였다.

목소리는 점점 창문 가까이에서 들려왔다. 그는 그녀의 옷이 스치는 소리와 숨소리를 들었다. 그는 자기 존재가 드러날까봐 움직이지도 못했다.

"소냐, 소냐!" 그녀가 외쳤다. "이리 와서 달 좀 봐! 너무 아름다워! 난 날아갈 것만 같아!"

"조심해, 떨어지겠어."

P. 72 다시 정적이 찾아왔지만 안드레이는 그녀가 아직 거기에 앉아있음을 알았다. 이따금 옷 스치는 소리, 때론 한숨 소리가 들려왔다.

"오, 하느님! 그게 무슨 뜻이죠?" 갑자기 그녀가 소리치더니 창문을 쾅하고 닫아버렸다.

'난 안중에도 없군!' 안드레이는 이런 생각을 하며 자기에 대해 무슨 말이라도 하지 않을까하는 기대와 두려움으로 그녀의 목소리를 듣고 있었다. 갑자기 그는 전에는 느끼지 못했던 젊은이다운 사상과 희망으로 충만해졌다.

다음날 아침 안드레이는 백작에게 작별 인사를 하고 다른 식구들이 잠든 사이 집으로 가기 위해 길을 나섰다. 보구차로보로 돌아온 그는 시골 생활이 따분했고 전에 하던 일에는 흥미를 잃었다. 리자를 생각할 때도 살아 생전에 사랑하지 않은 것으로 더 이상은 죄책감을 느끼지 않았다. 그는 가을에 페테르스부르크로 가기로 마음먹었다. '모두에게 나의 존재를 알리고 혼자 외롭게 살지 않겠어.' 그는 생각했다.

1809년 8월에 안드레이는 페테르스부르크에 도착했다. 그즈음 프랑스와 러시아는 잠정적인 동맹 관계였고, 이전에 동맹국이었던 오스트리아는 적국으로 간주되었다. 도착 직후 그는 궁중에 알현했다.

P. 73 며칠 뒤에는 국방 장관을 접견했다. 그는 안드레이를 군 규정위원회 위원으로 임명했다. 공식 임명 발표를 기다리는 동안 안드레이는 자신이 모든 정파로부터 환영받고 있음을 알게 되었다. 우선 개혁당이 그를 환대했다. 그는 영민하기로 정평이 나있으며 농노를 해방한 일로 진보적이라는 평을 받았다. 나이 많고 보수적인 수구층은 그가 다름아닌 볼콘스키 공작의 아들이어서 자신들에게 호의를 가질 것으로 기대했다. 사교계 여성들도 크게 반겼는데, 그가 부자이며 이름이 널리 알려진 좋은 남편감이기 때문이었다. 안드레이가 한때 전사한 것으로 알려진 일, 비극적으로 아내와 사별한 일로 인해 어느 정도 낭만적인 인물로 비춰지기도 했다. 오랫동안 그와 알고 지냈던 사람들은 그가 더 남자다워졌으며 예전의 오만함을 떨쳐버리고 한층 침착해졌다고 생각했다.

13장

P. 74 메이슨 단원들과 함께 지낸 해의 말무렵에 피에르는 자기가 하는 일이 불만스러워졌다. 그는 러시아의 프리메이슨 사상은 더 이상 초기 교리를 따르지 않는다고 생각했다. 그래서 그는 프리메이슨 교단의 원대한 신비를 전수받으러 해외로 나갔다. 1809년 여름 그는 페테르스부르크로 돌아왔다. 그때 그는 아내로부터 자신의 삶을 다 바쳐 그에게 헌신하겠다는 내용의 편지를 받았다. 이 편지를 받자마자 메이슨 단원 한 명이 그를 만나러 왔다. 그는 피에르가 아내를 대하는 태도는 프리메이슨의 교리에 위배되므로 아내를 용서해야 한다고 했다. 피에르는 잠시 생각해 본 후 엘렌을 만나 자신을 용서해 달라고 했다. 그는 페테르스부르크 집의 이층에 기거했고 자신이 행한 행동에 흡족해했다.

로스토프가는 근래에 페테르스부르크로 이사했고 피에르는 자주 그 집을 방문했다. 로스토프 백작의 빚은 매년 늘어가서 그는 공직 자리를 구하러 페테르스부르크로 왔다.

P. 75 1809년 12월 로스토프가는 신년 전야 무도회와 자정 만찬 초청을 받았다. 만찬의 주빈은 알렉산드르 황제였다. 그들은 들떠서 초대받았다는 사

실에 뿌듯해 했다.

나타샤에게는 난생 처음 가보는 성대한 무도회였다. 그녀는 실신할 정도로 흥분했지만 티를 내지 않으려고 안간힘을 썼다. 나타샤와 그녀의 어머니, 소냐가 무도회장에서 무도회의 시작을 기다리고 있을 때 나타샤는 피에르가 사람들 사이를 뚫고 지나가는 것을 보았다. 그는 무도회장에 와서 그녀에게 춤 파트너들을 소개해 주겠다고 약속했었다. 하지만 피에르는 그들 쪽으로 다가가기 전에 하얀 제복을 입은 중키의 잘생긴 남자 옆에 멈췄다. 나타샤는 그가 안드레이임을 즉각 알아보았다. 나타샤가 시골집에서 보았을 때보다 훨씬 더 젊어지고, 행복하고, 잘생겨 보였다. 남자들은 파트너를 선택해 첫 춤인 폴로네즈를 출 준비를 했다. 황제는 만찬을 연 안주인과 춤을 추려고 준비하고 서 있었다.

P. 76 나타샤는 한 가지 생각에만 골몰해 있었다. '내겐 아무도 춤을 청하지 않을까? 내가 얼마나 춤추고 싶어 하는지, 얼마나 멋있게 춤을 추는지, 나와 춤을 추면 얼마나 좋을지 모르지는 않겠지?' 나타샤는 울음을 터뜨릴 지경이었다.

안드레이는 많은 남자들이 황제가 계신 곳에서 춤추기를 어려워하고 있음을 알아챘다.

P. 77 그리고 여자들이 마음을 졸이며 춤을 신청하기를 고대하고 있는 모습도 보았다. 피에르가 그에게 다가와 팔을 잡으며 말했다.

"나타샤 로스토바란 어린 친구가 있는데 말이야. 춤을 청해 보게."

"어디 있지?" 안드레이는 이렇게 묻고 피에르를 따라 어머니, 소냐와 함께 나타샤가 서 있는 곳으로 갔다. 나타샤의 우울한 표정이 안드레이의 눈에 들어왔다. 그는 나타샤를 알아보았고 기분도 짐작할 수 있었다. 이번이 그녀에게 첫 무도회임이 분명했다. 그리고 그녀가 창가에서 나눈 대화를 기억해냈다. 유쾌한 표정을 지으며 그는 로스토바 백작부인에게 인사했다.

"제 딸을 소개하죠." 백작부인이 말했다.

"이미 알고 있습니다." 안드레이 공작이 말했다. 그가 나타샤에게 다가가 왈츠를 추자고 청했다. 갑작스레 그녀의 얼굴은 행복과 고마움으로 가득한 어린아이의 미소짓는 얼굴처럼 밝아졌다.

P. 78 안드레이의 춤 실력은 당대 최고 수준이었고 나타샤도 나무랄 데 없

이 잘 췄다. 안드레이는 나타샤를 팔에 안자 그녀의 젊음과 미모 덕택에 다시 생기가 솟는 듯했다. 안드레이와 춤을 춘 후 많은 젊은 남자들이 춤을 청하자 나타샤는 저녁 내내 쉬지 않고 춤췄다. 나중에 안드레이는 나타샤가 가벼운 걸음으로 방을 가로질러 뛰어가며 춤을 출 두 명의 여자를 찾는 것을 보았다. '먼저 사촌에게 가고 다른 여자에게 가면 그녀는 내 아내가 될 것이다.' 그는 그녀를 보며 생각했다. 그녀는 먼저 사촌에게 갔다. '이렇게 어리석은 생각을 하다니! 하지만 그녀는 매력이 넘치니 머지않아 결혼할 테지.'

14장

무도회가 있은 다음날, 안드레이 공작은 로스토프가를 방문했다. 그는 신선한 매력이 넘치며, 사랑을 갈구하는 나타샤를 그녀의 집에서 만나보고 싶었다. 로스토프가의 가족 전부 그를 오랜 친구처럼 반겼다. 그는 저녁식사를 하라는 백작의 권유를 거절할 수 없었다. 저녁식사 후 안드레이가 부탁하자 나타샤는 클라비코드가 있는 곳으로 가서 노래했다.

P. 79 나타냐의 노래를 듣던 중 안드레이는 갑자기 눈물이 울컥 치미는 것을 느꼈다. 그런 일은 있을 수 없다고 생각했었다. 즐겁고 새로운 무엇인가가 그의 마음속에서 꿈틀댔다. 답답한 방을 빠져나와 신이 만든 신선한 공기 속으로 걸어 들어간 것처럼 정신이 맑아졌다. 오랜만에 처음으로 그는 미래에 대한 행복한 계획을 세우기 시작했다. 그는 아들의 교육을 계획하고, 가정교사를 구하기로 마음먹었다. 그리고 해외로 가서 영국, 스위스, 이탈리아를 돌아보기로 했다. '아직 힘과 정력이 많이 남아 있을 때 자유를 누려야 해. 삶이 있는 한 살면서 행복해야 마땅하지!' 하고 그는 생각했다.

다음날, 안드레이는 다시 로스토프 일가와 식사를 하고 남은 시간을 그곳에서 보냈다. 집안 사람 모두 그가 나타샤를 보러 왔다고 생각했다. 겁을 먹고도 행복해하는 나타샤는 물론 가족들도 뭔가 중대한 일이 벌어지고 있음을 알았다. 나타샤는 안드레이와 둘만 있게 되면 얼굴이 파랗게 질렸고, 그도 나타샤 앞에서 수줍어하고 자신이 없어지는 것 같았다.

P. 80 안드레이가 떠나자 나타샤는 어머니에게 그와 나눈 이야기를 전부 털

어 놓았다.

"그 사람 앞에 있으면 겁이 나요. 그게 무슨 뜻일까요? 진정한 사랑이 찾아왔다는 뜻일까요? 그래요, 엄마?"

"얘야, 나도 두렵구나."

이제 나타샤는 자신이 오트라드노예에서 안드레이를 처음 봤을 때부터 사랑에 빠졌다고 믿게 되었다. 사실 그때는 그를 알아보지도 못했다.

"엄마, 그가 홀아비인 게 부끄러워할 일인가요?"

"절대 아니란다. 신께 기도드려라, 나타샤. 결혼은 하늘에서 맺어주는 거란다."

그 시각 안드레이는 피에르에게 나타샤를 사랑하며 결혼하고 싶다고 이야기했다. 무도회가 있은 이후 피에르는 의기소침해 있었고 그런 기분에서 벗어나려 필사적으로 노력하고 있었다. 그는 아내가 황태자와 친하게 지내는 모습을 보았다. 그러나 안드레이가 나타샤를 향한 자신의 사랑에 대해 고백하자 친구의 일에 그저 행복해 했다. 안드레이는 전혀 다른 새로운 사람이 되어 있었다. 삶을 경멸하고 환멸감을 느낀다던 예전의 안드레이는 어디로 간 것일까?

P. 81 "사람들이 내가 그런 사랑을 할 수 있을 거라 말해도 믿지 않았어. 과거에 느꼈던 그런 감정이 아니야. 세상은 이제 둘로 나눠졌어. 한쪽은 그녀가 있는 곳이고 모든 것이 기쁨, 희망, 광명으로 이루어진 곳이지. 다른 한쪽은 그녀가 없는 곳이고, 모든 것이 우울한 암흑이지." 안드레이가 말했다.

"암흑과 우울이라. 그래, 그래. 이해해."

"광명을 사랑할 수밖에 없어. 난 너무 행복해! 내 말 이해해?"

"그래, 그래." 피에르가 슬픈 눈빛으로 친구를 쳐다보며 말했다. 안드레이의 삶이 한층 기쁨에 겨울수록 자신의 삶은 침울해졌다.

안드레이는 아버지의 결혼 승낙을 구하러 다음날 볼드 힐즈로 갔다. 그의 아버지는 안드레이의 청에 대해 차분하고 이성적으로 이야기했다. 우선 나타샤의 태생, 재산, 사회적 지위로 볼 때 탐탁치 않은 결혼이다.

P. 82 둘째, 안드레이는 이제 젊지도 않고 건강도 악화된 반면 나타샤는 아주 어리다. 셋째, 안드레이에게는 나타샤처럼 어린 여자에게 맡기기에는 너무나 가엾은 아들이 있다. "넷째, 이게 마지막인데 1년을 연기하면 좋겠구나.

외국의 온천에 가서 건강을 회복하거라. 또 니콜라이를 가르칠 독일인 가정교사를 구해라. 그러고 나서도 사랑과 열정이, 아니면 고집이 아직 남아 있거든 결혼해라! 내가 할 말은 그게 마지막이다."

안드레이는 청혼을 하고 아버지가 원하는 대로 결혼식을 1년 연기하기로 했다. 안드레이가 며칠 동안 집에 찾아오지 않자 나타샤는 절망에 빠졌다. 아무 데도 나가고 싶지 않아 했고 밤에는 몰래 울었다. 안드레이는 페테르스부르크에 도착한 그날 로스토프 백작부인을 찾아갔다.

"따님에게 청혼하러 왔습니다." 그가 말했다.

백작부인은 얼굴을 붉혔다. "청혼은 우리가 바라던 바이라 승낙합니다. 하지만 결정은 나타샤에게 달렸죠. 나타샤에게 당신이 청혼했다는 얘기를 하고 그 애를 당신에게 보내죠." 백작부인은 이렇게 말하고 방에서 나갔다.

나타샤는 응접실로 들어가서 안드레이를 보자 멈춰 섰다.

P. 83 '이 낯선 사람이 이제 내 전부가 되는 것일까? 그래, 세상 무엇보다 내게 소중한 존재야.' 그녀는 생각했다.

안드레이가 그녀에게 다가가 말했다. "당신을 처음 본 순간부터 사랑했습니다. 희망을 품어도 될까요?"

그가 나타샤를 보자 그녀의 표정은 '다 알면서 왜 물으시죠? 말로는 이 감정을 다 표현할 수 없는데 왜 말을 하시는 거죠?' 하고 말하는 듯했다. 안드레이는 그녀의 손을 잡고 키스하며 물었다.

"나를 사랑하나요?"

"네, 그럼요!" 나타샤는 이렇게 속삭이며 흐느끼기 시작했다. "아, 너무 행복해요!" 그녀는 이렇게 대답하고 그에게 키스했다.

안드레이는 그녀의 눈을 들여다보던 중 갑작스레 이전과 같은 사랑이 느껴지지 않았다. 그의 안에서 무엇인가에 갑자기 변화가 일어났다. 그녀의 여성스럽고 어린아이처럼 연약함에 연민을 느꼈고, 그녀의 헌신과 믿음에는 두려움을 느꼈다. 그의 감정은 이전처럼 낭만적이지는 않았지만 더 강렬하고 진지했다.

P. 84 "아버지와 1년을 기다리기로 약속했습니다. 당신은 아직 너무 어린데 난 이미 인생의 많은 것을 겪은 몸입니다. 그 동안은 확신을 가질 시간이 될 것입니다. 나는 곧 외국으로 가니 내가 돌아올 때까지 당신은 자유의 몸입니

다. 우리의 약혼 사실은 비밀로 묻어둘 것이고 만일 당신이 나를 사랑하지 않 게 된다면…"

"왜 그렇게 말씀하세요? 당신이 오트라드노예에 처음 온 바로 그날부터 전 당신을 사랑했다는 걸 아시잖아요." 그녀는 자기의 진심을 납득시키려 하며 울음을 터뜨렸다.

그녀의 아버지와 어머니가 방으로 들어와 두 사람을 축복해 줬다. 그날 이 후 안드레이는 나타샤의 약혼자 자격으로 로스토프가를 방문했다.

약혼한 이후 두 사람 사이에는 더 친밀하고 자연스러운 관계가 형성되었 다. 하지만 미래의 삶에 대한 이야기는 거의 하지 않았다. 안드레이는 그런 이야기를 꺼내기가 두려웠다. 나타샤도 그 심정을 이해했고 헤어진다는 생각 에 두렵지만 않았다면 완벽한 행복감에 젖었을 것이다. 그것은 안드레이도 마찬가지였다. 그녀를 떠난다는 생각만으로도 얼굴에 핏기가 가시고 냉기가 돌았다. 페테르스부르크를 떠나기 전날 밤 그는 자신과 피에르의 오랜 우정 에 대해 나타샤와 소냐에게 이야기했다.

P. 85 "언제라도 힘든 일이 생기면 피에르에게 도움을 청해요. 넋이 나간 듯 하고 가끔은 이상해 보여도 마음씨만은 고운 사람이에요."

안드레이가 떠나자 며칠 동안 나타샤는 자기 방에 앉아 어떤 것에도 관심 을 기울일 수 없었다. 그러나 2주가 지나자 다시 예전의 모습으로 돌아갔고 가족들도 놀랄 지경이었다.

15장

안드레이와 나타샤가 약혼한 뒤 피에르는 계속 이전처럼 사는 것은 불가함 을 느꼈다. 이유는 알 수 없었다. 그는 자기 집도 있었고, 이제 황태자의 총애 를 받는 눈부신 아내도 있었다. 그는 페테르스부르크 전역에 이름을 떨치고 있으며 궁정에서 일하고 있었다. 그는 존경받았고, 존경받을 만한 사람이었 다. 그런데 갑자기 이 모든 것이 혐오스러워졌다.

P. 86 그는 프리메이슨 단원들을 멀리하고, 술을 진탕 마셨고, 또다시 미혼 인 친구들과 어울리기 시작했다. 피에르는 엘렌에게 추문이 생기는 것을 막

기 위해 모스크바로 떠났다. 그곳에서 그는 평안을 찾았고 모스크바 사교계에서는 오랫동안 기다려온 손님처럼 그를 환영했다. 사람들은 그를 아주 친절하고, 지적이며, 사람들에게 잘 베푸는 괴짜로 생각했다. 그의 지갑은 모든 이에게 열려 있어서 항상 바닥이 드러나 있었다.

학교를 마친 뒤 그는 러시아에 공화국을 세우겠다고 온 마음을 다해 염원했다. 또 열정을 바쳐 인류의 교화를 갈구했다. 자신은 최상의 도덕적 완성의 경지에 이르기를 원했다. 하지만 그 대신에 그의 아내는 부정하며, 그는 술과 음식을 탐하고, 이따금 정부를 비난하는 일에 죄책감을 느꼈다. 그는 아직도 자신의 삶에 대한 질문을 던졌다. '세상이 어떻게 돌아가고 있는 거지? 나의 형제 메이슨 단원들은 이웃을 위해 무엇이든 희생할 각오가 되어 있다고 맹세했지만 가난한 사람들에게 동전 한 푼도 주지 않아. 어제 한 탈영병이 매를 맞아 죽을 지경인데 신부는 처형 전에 십자가를 주며 입을 맞추라고 했어.' 그는 선과 진리의 실현 가능성을 믿었지만 삶 속에는 악과 거짓도 분명히 존재했다.

P. 87 그는 이런 문제들에 대한 어떤 해결책도 찾지 못했다. 그래서 그런 것들을 잊기 위해서라면 어떤 일도 마다하지 않았다. 그는 사교계에 깊이 빠져들었고, 과음하며 닥치는 대로 책을 읽었다. 비만 때문에 술을 마시면 안 된다는 의사들의 경고도 무시했다. 그는 군인들이 적과 대치하게 되면 위험한 상황에서 정신을 딴 데 쏟기 위해 무슨 일이든 한다는 이야기를 들었다. 그는 사람들은 전부 바로 그 군인들과 같아서 삶으로부터의 도피처를 찾는다고 생각했다. 어떤 이들은 카드 놀이에 빠지고, 어떤 이들은 여자에, 경마에, 술에, 정치에 빠진다. '하찮은 것도, 중요한 것도 없다. 모두 똑같을 뿐이다. 그러나 전심을 다해 그런 것들로부터 자신을 지켜내야 한다.' 그는 이렇게 생각했다.

겨울이 시작될 즈음 니콜라이 볼콘스키 공작과 마리아는 모스크바로 이사 갔다. 노공작은 그 해에 너무 노쇠하여 노망의 징후를 보였다. 마리아에게 모스크바에서의 생활은 힘겨웠다.

P. 88 그녀는 시골 생활에서 느꼈던 한적함과 평온함이 그리웠다. 그녀의 아버지는 자신과 함께가 아니면 마리아가 혼자 돌아다니지 못하게 했지만, 정작 자신은 건강이 좋지 않아 외출하지 못했다. 그녀는 결혼하겠다는 희망은 완전히 버렸다. 노공작은 자신의 집을 찾아온 어떤 구혼자도 박대했다. 마

리아에게는 진정한 친구도 비밀을 털어놓을 사람도 없었다.

아버지가 브리엔 양과 점점 가까워지고 있다는 사실이 마리아에게는 무엇보다 큰 고통이었다. 한번은 안드레이가 결혼하면 자신은 브리엔 양과 결혼할 것이라는 농담을 했다. 하루는 브리엔 양의 손에 키스를 하고 다정하게 껴안았다. 마리아는 그 모습에 얼굴을 붉히며 방에서 뛰쳐나갔다. 다음날 저녁 식사 때 공작은 브리엔 양의 식사를 먼저 내라고 지시했다. 식사 후 하인이 브리엔 양보다 마리아에게 먼저 커피를 내주자 공작은 갑자기 노발대발했다.

"하인이 말을 듣지 않는 것은 네 잘못이다!" 그는 마리아에게 고함을 질렀다. "브리엔 양이 이 집에서 가장 높은 사람이야. 나의 가장 친한 친구고.

P. 89 나가서 브리엔 양에게 사과해라!"

마리아는 브리엔 양에게 사과하고 자신과 하인의 행동에 대해 아버지에게 사과했다. '아버지는 늙고 쇠하셔서 자기 몸도 가누지 못하셔. 아버지를 탓하지 말자!' 그녀는 생각했다.

생일 날이 되자 니콜라이 노공작은 그날 밤 만찬에 초대할 사람들의 명단을 마리아에게 건넸다. 피에르는 안드레이의 친구이며 노공작이 좋아하고 신뢰했기에 초대받았다. 그날 밤 노공작이 잠자리에 들자 마리아와 피에르만이 응접실에 남았다.

"좀 더 있다 가도 됩니까?" 건장한 체구의 그가 그녀의 옆에 놓인 안락의자에 앉으며 말했다.

"네, 그럼요." 그녀는 피에르의 다정한 얼굴을 바라보며 대답했다. "로스토프 집안 소식은 들으셨나요? 안드레이 오빠가 곧 돌아올 것 같은데요."

"아무 소식도 듣지 못했어요. 아버님은 이제 결혼에 대해 어떻게 생각하고 계신가요?"

마리아는 고개를 저으며 말했다. "몇 달 뒤면 약속한 1년이 끝나요.

P. 90 내키지 않는 결혼이지만 전 그녀와 친구가 되고 싶답니다. 나타샤가 어떤 사람인지 얘기 좀 해주세요."

"어떻게 대답해야 할지 모르겠군요." 피에르가 이유를 모른 채 얼굴을 붉히며 말했다. "그녀는 매력적이긴 한데 왜 그런지는 모르겠어요."

마리아는 한숨을 쉬었다. "나타샤는 총명한 사람인가요?"

"그렇진 않아요. 머리가 나쁘진 않지만 똑똑하지도 않죠. 그저 매력적일뿐이에요. 그게 다예요."

마리아는 못마땅한 듯 다시 고개를 가로저었다. 마리아는 피에르에게 로스토프가 사람들이 모스크바에 오는대로 나타샤와 친구가 되고 싶다고 말했다. 그리고 아버지도 나타샤를 더 잘 알고, 호감을 갖도록 만들 작정이었다.

16장

1810년 니콜라이 로스토프는 파블로그라드 연대의 지휘권을 인계받았다. **P. 91** 몇 해 전 그의 아버지가 그의 노름 빚을 갚아 주었다. 그리고 생계를 유지하느라 늘 힘겨워하며, 그 빚을 청산하느라 어마어마한 빚을 진 것을 알고 있었다. 그는 아버지에게 다시는 도박하지 않겠다고 약속했고 그 약속을 지켰다. 그는 봄에 아버지 몰래 어머니가 보내온 편지를 받았다. 니콜라이가 당면한 문제에 손을 쓰지 않으면 재산이 경매로 넘어갈 판이라고 했다. 백작은 씀씀이가 너무 크고 남의 말을 잘 믿어서 모두가 그를 이용한다고 했다. 어머니는 집사장이 백작을 속이고 있으며 사정이 날로 악화되고 있다고 했다. '제발, 나와 가족 전부가 비참해지는 꼴을 보지 않으려거든 즉시 돌아오너라.' 어머니는 이렇게 썼다.

일주일 후 그는 연대에서 휴가를 얻어 오트라드노예로 갔다. 아버지와 어머니는 변함없는 모습이었지만 나이가 좀 들어 보였다. 전에는 그런 일이 없었는데 근래에는 가끔 다퉜다. 소냐는 20살이 다 되었지만 바뀐 건 없었다. **P. 92** 소냐의 헌신적이고 변함없는 사랑에 그는 기뻤다. 니콜라이는 페트야와 나타샤의 모습에 가장 놀랐다. 페트야는 재기발랄하고 장난기 많은 13살의 의젓하고 잘생긴 소년이 되어 있었고 목소리는 벌써 변성기에 접어들었다. 나타샤는 전에 보지 못했던 기품이 흘렀다. 그녀는 그에게 안드레이와의 교제 및 약혼에 대해 이야기했다.

"기쁘구나. 안드레이는 멋진 친구지." 니콜라이가 말했다.

"보리스와 춤 선생님을 사랑한 적이 있었지만 이번에는 완전히 달랐어. 안드레이보다 나은 남자는 세상에 없어."

그러나 니콜라이는 이 결혼에 뭔가 미심쩍은 구석이 있는 것 같았다. 그는 어머니에게 결혼식이 왜 연기되었는지 물었고, 어머니 역시 결혼에 의구심을 가지고 있는 듯했다.

아버지의 집사장을 찾아간 니콜라이는 어머니의 편지가 과장이 아니었음을 알았다. 가족의 재정 상태는 우려할 만한 수준이었고, 집사장이 부정을 저지른 듯했다. 니콜라이가 집사장을 해고하려 하자 아버지가 말렸다. 이후 니콜라이는 어떤 사업에도 관여하지 않았다.

P. 93 로스토프 백작은 재산 관리를 잘못했다는 것은 알았으나 어떻게 수습해야 할지 몰랐다. 그와 아내는 조상에게서 물려받은 로스토프 저택과 모스크바 근교의 영지를 팔 것인지에 대해 걱정스런 마음으로 상의했다. 로스토프 백작부인은 남편을 탓하지는 않았다. 하지만 해결책은 한 가지뿐이었다. 그녀는 니콜라이와 줄리 카라기나의 결혼을 염두에 두고 있었다. 로스토프가는 어린시절부터 줄리와 알고 지냈고 이제 그녀는 부유한 상속녀였다. 백작부인은 이미 줄리의 어머니에게 편지를 써서 결혼을 제의했고 긍정적인 답변을 받아놓았다. 백작부인은 이 혼사에 대한 니콜라이의 생각이 어떤지 알고 싶었다.

니콜라이는 어머니에게 소냐를 사랑하며 결혼하고 싶다고 이야기했다. 그런 대답을 예상했던 백작부인은 조용히 니콜라이의 말을 들었다. 그리고 자신도 아버지도 그런 결혼에는 반대라고 했다. 니콜라이는 어머니에게 결혼을 허락해 달라고 간청했다. 그렇지 않으면 즉시 아무도 모르게 결혼할 것이라고 했다.

P. 94 백작부인은 절대 소냐를 며느리로 받아들이지 않겠다고 냉정히 답했다. 인정 많은 백작부인이 더욱 화가 났던 것은 가난한 조카딸 소냐가 자신의 은인들에게 너무나 고마워하고, 헌신적이고 변함없는 마음으로 니콜라이를 사랑하는 점이었다. 그래서 트집을 잡을 구석이 없었다.

1월이 되자 니콜라이는 오트라드노예를 떠나 연대에 복귀했다. 그는 자신의 일이 정리되면 가능한 한 빨리 소냐와 결혼할 작정이었다. 니콜라이가 떠난 뒤 로스토프가의 사정은 한층 더 절망적이었다. 백작부인은 울화병으로 몸져누웠다. 소냐는 니콜라이와 헤어진 뒤 우울해했고, 백작부인이 지나치게 냉대하자 속이 상했다. 백작은 사업 문제로 심기가 불편했고 사태를 수습하려면 손을 써야 했다. 모스크바의 저택과 모스크바 근교의 영지를 처분해야 했으며 이를 위해 모스크바로 가야 했다. 하지만 백작부인의 건강이 좋지 않아 차일피일 출발이 지연됐다. 지금까지 안드레이와의 이별을 꿋꿋이 견뎌냈던 나타샤는 날이 갈수록 인내심의 한계를 느꼈다. 안드레이에게서 오는 편지는 짜증스러워지기 시작했다.

P. 95 나타샤가 그에게 쓰는 편지는 따분하며 애틋한 감정이 담겨 있지 않아서 남에게 숨기고 말고 할 것도 없었다. 심지어는 어머니에게 철자 교정을 봐달라고 부탁할 정도였다. 1월 말이 되자 모스크바행을 더 이상 미룰 수 없게 되었다. 나타샤의 혼수를 마련하고 재산을 처분해야 했다. 결국 백작부인은 시골에 남고 백작은 소냐와 나타샤를 데리고 모스크바로 갔다.

17장

모스크바에 온 로스토프 백작, 소냐, 나타샤는 로스토프가와 오랜 친구 사이인 마리아 드미트리예브나와 함께 지냈다. 모스크바에 도착한 다음날 로스토프 백작은 나타샤를 데리고 니콜라이 볼콘스키 공작의 집을 찾았다. 나타샤는 가장 예쁜 옷을 입고 기분이 매우 들떠 있었다. '날 좋아하지 않고는 못 배길걸.

P. 96 모두가 날 좋아하고, 나도 그의 아버지와 여동생이 마음에 들 거야.' 나타샤는 생각했다.

공작의 집에 도착하자 하인들이 다소 당황스러워하는 것 같았다. 노공작이 그들을 만나고 싶지 않다고 고함을 지르며 마리아는 원한다면 만나도 좋지만 자기에게는 들여보내지 말라고 했기 때문이다. 이윽고 늙은 하인이 나와 공작은 방문객을 들이지 않지만 공작의 따님이 그들을 만나려 한다고 전했다. 먼저 방문객들을 맞은 사람은 브리엔 양이었다. 그녀는 로스토프 일가에게 특히나 정중하게 인사를 건네고 마리아의 방으로 안내했다. 나타샤를 보자마자 마리아는 그녀가 마음에 들지 않았다. 옷을 너무 차려 입었고, 경박하며 허영심에 가득 찼다고 생각했다. 로스토프 백작은 마리아에게 근처에 사는 친구를 만날 동안 나타샤와 함께 있겠는지 물었다. 마리아는 백작에게 나타샤와 둘이 있으면 재미있겠다고 말했고 백작은 자리를 떴다.

나타샤는 도착했을 때 사람들이 반기지 않아 기분이 상해 있었다. 마리아는 아주 못생겼고 위선적이며 자기를 좋아하지 않는 것 같았다. 긴장감 속에 5분 정도 대화를 나누자 문이 열리고 노공작이 들어왔다.

P. 97 그는 흰색 잠옷에, 잠잘 때 쓰는 모자, 슬리퍼 차림이었다.

"아! 잘못 본 게 아니라면 로스토바 양이군요. 이렇게 영광스럽게 방문해 준 것도 모르고 있었군요. 난 딸을 보러 왔소. 잠시 실례하겠소." 그는 나타샤를 머리부터 발끝까지 살펴보고 방을 나갔다.

마리아는 아버지도 나타샤도 쳐다보지 못했다. 브리엔 양은 미소만 지을 뿐이었다. 곧 그녀는 상황을 알아채고 공작의 병환에 대해 이야기하기 시작했다. 나타샤와 마리아는 말없이 서로 적대적인 눈빛만 교환했다. 그 순간 나타샤는 30분 동안 함께 있으면서 안드레이 이야기를 한 번도 꺼내지 않은 마리아가 싫어졌다. 마리아는 일행들이 방에서 나가버리자 나타샤에게 다가가 말했다.

"나타샤, 오빠가 행복해져서 기뻐요."

마리아는 자신의 위선적인 태도에 멈칫했다. 나타샤도 마리아가 머뭇거리자 그 이유를 짐작했다.

P. 98 "지금은 그 얘기를 하고 싶지 않군요." 그녀는 점잖게 말했다. '내가 무슨 말을 하고, 무슨 짓을 한 거지?' 그녀는 방에서 나오자마자 이렇게 생각했다. '그의 아버지와 여동생이 무슨 상관이에요? 그를 사랑해요. 이렇게 기다리는 건 견딜 수 없어요! 소냐는 어떻게 니콜라이를 그렇게 차분하고 조용히 사랑하고 참을성 있게 기다릴 수 있을까요? 난 못해요!'

그날 저녁 로스토프 일가는 오페라를 보러 극장에 갔다. 마리아 드미트리예브나가 박스석을 예약해 두었다. 오페라 극장에서 안내원이 박스석 문을 열어주었다. 눈에 띄게 아름다운 나타샤와 소냐는 사람들의 시선을 사로잡았다. 모두가 나타샤와 안드레이 공작의 약혼에 대해 어렴풋이 알고 있었다. 그들은 러시아에서 최고의 신랑감을 차지한 나타샤를 호기심에 찬 눈으로 바라보았다. 나타샤는 일 층 특석에 앉은 사람들의 얼굴을 쳐다보았다. 낯선 얼굴도 있고, 낯익은 얼굴도 있었다. 키가 훤칠한 미모의 여인이 무거운 비단 드레스를 사각거리며 옆의 박스석으로 들어갔다. 그녀는 피에르의 부인인 엘렌이었다. 사교계의 인사는 전부 꿰고 있는 로스토프 백작이 몸을 기울여 그녀에게 인사했다. 바로 그때 서막의 마지막 부분이 들리고 지휘자가 딱딱거리며 지휘봉을 쳤다. 늦게 도착한 사람들이 일 층 특석에 자리를 잡자 막이 올라갔다.

P. 99 주위가 조용해지자 로스토프 백작의 관람석에서 가장 가까운 특석으로 가는 문이 열렸다. 나타샤는 눈이 휘둥그레질 정도로 잘생긴 남자가 자기 좌석 쪽으로 다가오는 것을 보았다. 아나톨리 쿠라긴이었다. 그는 어깨에 견장이 달린 부관 제복을 입고 있었다. 그는 고개를 꼿꼿이 쳐든 채 일부러 양탄자가 깔린 통로로 걸어갔다. 그는 동생 엘렌에게 가다가 나타샤를 보고 고개를 끄덕여 인사했다. 그리고 동생 쪽으로 몸을 기울이며 말했다. "저 여자 매력있는데!" 분명히 나타샤를 두고 하는 말이었다. 그리고 특석 첫 번째 열에 자리를 잡고 앉았다.

18장

첫 막이 끝나자 아나톨리는 오케스트라 앞쪽에서 친구 돌로호프와 서서 이야기를 나누었다.

P. 100 그는 계속 로스토프 일가의 박스석 쪽을 바라보았고 나타샤는 아나톨리가 자기 이야기를 하고 있음을 알았다. 어떤 이유에서인지 나타샤는 기분이 아주 좋아졌다. 다음 막이 진행되는 동안 나타샤가 특석 쪽을 볼 때마다 아나톨리 쿠라긴은 자기를 바라보고 있었다. 다음 휴식 시간에 엘렌이 로스토프 백작에게 나타샤가 다음 막에 자신과 함께 앉아도 될지 물었고 나타샤는 기꺼이 수락했다.

P. 101 나타샤가 엘렌의 박스석에 들어가자마자 문이 열리고 아나톨리가 들어왔다.

"오빠를 소개하죠." 엘렌이 말했다.

나타샤는 근사한 젊은 장교 아나톨리에게 눈을 돌렸고 살갗이 드러난 어깨 너머로 미소를 지어보였다. 아나톨리는 옆에 앉아 미소를 지으며 그녀에게서 눈을 떼지 않았다. 그녀가 고개를 돌리면 그가 그녀를 붙잡고 키스를 할지도 모른다는 생각에 움찔했다. 둘은 일상적인 이야기를 나누기 시작했다. 나타샤가 모스크바 생활이 어떤지 그에게 물었다.

"처음에는 그리 마음에 들지 않았죠. 하지만 지금은 정말 좋군요."

나타샤는 무슨 말을 해야 할지 몰랐다.

일행이 극장을 나설 무렵 아나톨리가 마차에 타는 것을 도우러 왔다. 아나톨리는 나타샤가 마차에 오르도록 도와주면서 팔꿈치 위쪽을 꽉 쥐었다. 나타샤가 돌아보니 그가 자기를 바라보며 부드럽게 미소짓고 있었다. 나타샤는 집에 도착해서야 불현듯 안드레이 생각이 나서 겁에 질렸다.

P. 102 '오 하느님! 왜 그가 치근덕거리게 됐을까요? 하지만 절대로 그를 유혹하진 않았어요.' 그녀는 혼자 중얼거렸다. 아무 일도 없었지만 안드레이를 향한 순수한 사랑이 더럽혀졌음을 알았다. 그녀는 아나톨리와 나눈 대화를 전부 기억해 냈고 팔을 잡을 때 지어 보이던 부드러운 미소를 떠올렸다.

아나톨리는 아버지가 페테르스부르크에서 쫓아내서 모스크바에서 지내고 있었다. 그는 페테르스부르크에서 빚이 늘어가서 빚쟁이들에게 빚 독촉을 받았다. 그의 아버지는 빚을 갚아 주는 대신 모스크바로 가서 훌륭한 배필을 찾아보라고 했다. 아나톨리는 모스크바로 가서 피에르의 집에 머물렀다. 아나톨리가 여자들과 염문을 뿌리고 다니며 그 중 몇 명을 무도회에서 유혹했다는 소문이 돌았다. 그러나 미혼녀들을 쫓아다니지는 않았다. 거기에는 비밀스러운 이유가 있었다. 그의 부대가 폴란드에 주둔할 당시 한 폴란드 지주가 자기 딸과 그를 강제로 결혼시켰다. 아나톨리는 장인에게 돈을 보내준다는 합의하에 곧 아내를 버렸고 지금은 총각 행세를 하고 다녔다. 그래도 마음대로 결혼할 수는 없었다.

며칠 뒤 엘렌이 로스토프가를 찾아와서 그날 저녁 자기 집에서 열리는 연주회에 초대했다.

P. 103 아나톨리가 엘렌에게 나타샤를 초대하라고 부탁한 것이었다. 로스토프 백작은 엘렌이 어떤 부류의 사람들과 어울리는지 알았기에 초대를 거절하고 싶었다. 하지만 딸들이 가겠다고 고집을 피우자 공연이 끝나는 대로 돌아오기로 했다. 아나톨리가 문 앞에서 로스토프 일가를 기다리고 있었다. 그는 로스토프 백작에게 인사를 한 후 냉큼 나타샤에게 다가갔다. 백작은 이 모습을 보고 아나톨리가 나타샤 옆에 앉으려는 찰나에 자기가 그 자리에 앉았다. 아나톨리는 나타샤의 뒤에 앉았고 나타샤는 공연 내내 그가 자기를 주시

하고 있음을 느꼈다. 공연이 끝난 뒤 백작은 집으로 가려 했으나 엘렌은 무도회가 끝나고 가도록 부탁했다. 아나톨리는 나타샤에게 왈츠를 청했고 춤추는 동안 그는 그녀가 매혹적이며, 그녀를 사랑한다고 이야기했다. 나타샤는 화들짝 놀란 눈으로 그를 바라보았다.

잠시 후 엘렌이 나타샤를 자그마한 거실로 데려갔다. 아나톨리는 거기서 그녀를 기다리고 있었다. 엘렌이 둘만 남겨두고 나가자 아나톨리가 나타샤의 손을 잡았다.

P. 104 "둘만 따로 만나면 안 될까요?" 그가 부드럽게 말했다. "미치도록 당신을 사랑합니다."

그는 불타는 듯이 뜨거운 입술을 그녀의 입술에 대고 있다가 방 쪽으로 다가오는 발자국 소리에 그녀를 놓아주었다. 나타샤는 얼굴을 붉히고 깜짝 놀라 몸을 떨면서 문 쪽으로 향했다. 그녀는 저녁식사를 하지 않고 아버지, 소냐와 함께 나왔다. 그날 밤 나타샤는 한숨도 자지 못했다. 그녀는 안드레이를 얼마나 많이 사랑하는지 분명히 기억하고 있었다. 하지만 아나톨리도 사랑하고 있었다. '그렇지 않다면 어떻게 이 모든 일이 일어날 수 있지? 그를 처음 본 순간부터 사랑에 빠진 게 분명해. 그를 사랑할 수밖에 없어. 그와 안드레이 둘다 사랑한다면 어떻게 해야 하지? 한 명을 선택해야 하나?' 그녀는 이 질문에 답할 수 없었다.

다음날 아침식사 후 마리아 드미트리예브나는 나타샤와 백작을 불렀다. 그녀는 그들에게 오트라드노예로 돌아가서 안드레이 공작을 기다리라고 했다. 말을 마치자 그녀는 나타샤에게 마리아가 보낸 편지를 건네주었다. 나타샤는 침실로 가서 편지를 읽었다. 마리아는 다시 만날 날을 정하라고 했다. 그녀는 오빠의 행복을 바랄 뿐이며 누구를 아내로 택하든 반길 것이라고 했다.

P. 105 편지를 읽은 후 나타샤는 안드레이에 대한 사랑을 상기했지만 동시에 어제 아나톨리와 있었던 일도 빠짐없이 기억해냈다. '둘다 사랑할 수 있다면 더할 나위 없이 행복할 거야. 하지만 선택해야 해. 둘 중 한 사람이라도 없으면 행복하지 않을 거야.' 그녀는 생각했다.

바로 그때 하녀가 방에 들어와 나타샤에게 봉투를 하나 주었다. 나타샤는 떨리는 손으로 아나톨리에게서 온 편지를 열고 열정이 담긴 글을 읽기 시작했다. '어제 저녁 이후로 나의 운명은 정해졌습니다. 당신의 사랑을 받지 못하면 죽고 말 겁니다. 다른 선택의 길은 없습니다.' 편지는 이렇게 시작되었다. 이어서 아나톨리는 나타샤의 부모가 나타샤와 자신의 관계를 허락하지 않을 것을 알고 있다고 했다. 그러나 그녀가 자신을 사랑한다면 그냥 그렇다고 대답만 하면 되며 누구도 갈라놓지 못할 것이라고 했다. 사랑으로 모든 것을 극복할 수 있기 때문이다. '그래, 그래! 난 그를 사랑해!' 나타샤는 생각했다. 그녀는 돌로호프가 편지를 썼고 아나톨리는 그저 유혹하고 싶어할 뿐이라는 사실을 알지 못했다.

P. 106 그날 저녁 마리아 드미트리예브나가 외출을 하며 소냐를 데려갔다. 나타샤도 함께 가기로 되어 있었지만 그녀는 머리가 아프다며 집에 남았다.

19장

그날 저녁 소냐는 돌아와서 나타샤의 방으로 갔다. 나타샤는 옷을 입은 채로 소파에서 곤히 잠들어 있었다. 옆에 있는 탁자에 아나톨리의 편지가 놓여 있었다. 소냐는 편지를 집어 들어 읽었다. 그리고 안락의자에 주저앉아 눈물을 터뜨리며 생각했다. '나타샤가 그를 사랑해선 안 돼! 그런 짓을 해선 안 돼!' 바로 그때 나타샤가 잠을 깨어 소냐를 보았다.

"아, 돌아왔어?" 그녀는 탁자 위의 편지를 보았다. "소냐 언니, 편지 읽은 거야?"

"응." 소냐가 조용히 대답했다.

나타샤는 미소를 지었다. "소냐 언니, 이제 더는 숨길 수 없겠구나! 우린 서로 사랑해!"

소냐는 자신의 귀를 믿을 수 없어 나타샤를 쳐다보며 말했다. "이해할 수가 없구나. 1년 동안 안드레이를 사랑하고 이제 와서 다른 사람을 사랑한다고? **P. 107** 아나톨리는 겨우 두세 번밖에 안 봤잖아! 3일 만에 안드레이를 잊어 버리다니…"

"3일이라고! 100년 동안이나 아나톨리를 사랑한 것 같아. 진정한 사랑은 이렇게 오는 거라고 들었어. 아나톨리를 보자마자 그가 나의 주인이고, 난 그의 노예라는 생각이 들었어. 그가 무슨 명령을 내리든 난 따를 거야."

"둘 사이에 무슨 일이라도 있었어? 그 사람은 왜 집으로 찾아오지 않지? 왜 공개적으로 청혼하지 않는 거냐고? 나타샤, 어떤 비밀스런 이유가 있을지 생각해 봤어?"

나타샤는 놀라서 소냐를 바라보며 말했다. "나도 이유는 모르겠어. 하지만 아나톨리를 의심할 수는 없어! 그럴 수 없어! 그럴 수 없다고!"

"그가 널 사랑하니? 너한테 딴 마음을 품고 있으면?"

"딴 마음? 그 사람을 안다면 그런 말 못해!" 나타샤가 버럭 소리질렀다.

P. 108 "그가 제대로 된 사람이라면 백작님께 결혼할 의사를 얘기하거나 널 그만 만날 테지. 그 사람에게 편지를 쓰고 백작님께 말씀드릴래!"

"하지만 그 사람 없인 살 수 없어!" 나타샤가 소리쳤다. "그 사람 말고 다른 사람은 필요없고 사랑하고 싶지도 않아. 나가버려, 소냐 언니! 다투고 싶지 않아."

소냐는 울음을 터뜨리며 방에서 뛰쳐나갔다. 나타샤는 곧장 탁자로 가서 마리아의 편지에 답장을 썼다. 나타샤는 마리아에게 용서를 빌며 이제는 다시 만나지도, 안드레이의 아내가 되지도 못할 것 같다고 썼다.

수요일에 로스토프 백작은 집을 사겠다는 사람과 함께 모스크바 근교의 영지로 갔다. 그날 저녁 소냐와 나타샤는 마리아 드미트리예브나와 함께 만찬 연회에 참석했다. 나타샤는 다시 아나톨리를 만났고 소냐는 만찬 내내 나타샤와 아나톨리가 소곤소곤 이야기 나누는 것을 보았다. 집에 돌아와서 소냐는 나타샤에게 설명을 요구했다.

"그래, 그 사람이 뭐래? 나타샤, 전부 얘기해 봐. 사실대로 다 말이야."

"오, 소냐 언니. 나만큼만 그를 알면 좋을 텐데! 내가 안드레이와의 약혼을 없었던 일로 할 수 있어서 기뻐하던걸."

P. 109 "아직 거절하지는 않았잖아. 그렇지?"

"거절한 것 같은데. 나와 안드레이의 관계는 모두 끝났어."

"이해가 안 돼. 난 아나톨리가 미덥지 않아, 나타샤. 왜 이렇게 숨기는 거지? 네가 망가져 가는 것 같아 걱정 돼."

"망가져 버리겠어. 가능하면 빨리 말야!" 나타샤가 화가 치밀어 말했다. "언니가 참견할 일이 아니야! 날 혼자 내버려 둬!" 그녀는 방에서 뛰어나갔다.

나타샤는 다시 소냐에게 말을 걸지 않고 피했다. 하지만 소냐는 계속 나타샤를 주시했다. 아버지가 돌아오기 전날 소냐는 나타샤가 아침 내내 응접실 창가에 앉아있는 것을 보았다. 뭔가를 기다리는 것 같았다. 나타샤가 지나가는 장교에게 무슨 신호를 하는 것을 보고 소냐는 그가 아나톨리일 것으로 짐작했다. 차를 마신 뒤 소냐는 하녀가 나타샤의 방으로 편지를 가져가는 것을 보았다. 나타샤가 그날 밤에 무시무시한 일을 꾸미고 있음이 분명했다.

P. 110 '아나톨리와 도망갈 생각이구나! 안드레이가 문제가 생기면 그러라고 한 대로 피에르에게 전갈을 보낼까? 하지만 나타샤가 벌써 안드레이한테 파혼을 요구했을지도 몰라. 필요하다면 강제로라도 막아야 해. 가문의 명예를 더럽힐 순 없어.' 소냐는 생각했다.

아나톨리는 나타샤를 납치하기 위해 며칠 전 돌로호프와 계책을 세웠다. 나타샤는 그날 저녁 10시에 뒷문에서 아나톨리를 만나기로 했다. 아나톨리는 마차를 대기시킨 다음 그녀를 데리고 카멘카 마을로 갈 작정이었다. 그곳에서 파문당한 사제가 혼례 미사를 집전하기 위해 기다리고 있었다. 위장 결혼식을 마친 뒤에는 해외로 뜰 생각이었다. 아나톨리는 여권도 있었고 누이와 돌로호프에게 빌린 돈도 있었다. 돌로호프는 아나톨리의 결혼 준비를 돕고 있었지만 아나톨리에게 계획을 취소하라고 설득했다.

"자네를 돕긴 했지만 솔직히 말해야 겠네. 이건 어리석고 위험한 짓이야. 자네가 이미 결혼한 것도 밝혀질 테고 돈이 다 떨어지면 그땐 어쩔건가?"

"그땐 어쩌냐고?" 아나톨리가 반복해서 말했다. 그는 미래에 대해서는 생각해 보지 않았던 것이다. "모르겠군. 쓸데없는 소리는 관두자고!"

P. 111 아나톨리는 시계를 보고 말했다 "갈 시간이야!"

20장

일행이 마리아 드미트리예브나의 집에 도착하여 돌로호프가 휘파람을 불자 하녀가 달려나와 말했다.

"안뜰로 들어오세요. 남들 눈에 띄겠어요. 나타샤 아씨는 금방 나오실 거예요."

돌로호프는 대문 옆에 마차를 대고 기다렸다. 아나톨리는 하녀를 따라 현관으로 갔다. 거기에는 마리아 드미트리예브나의 덩치 큰 하인 가브리엘이 기다리고 있었다.

"마님께 가시죠." 가브리엘이 굵고 낮은 목소리로 말했다.

"당신은 누구요?" 아나톨리가 속삭이듯 물었다.

"조용히 안으로 들어가시죠. 손님을 안으로 모시라는 지시를 받았습니다."

P. 112 "아나톨리! 돌아와!" 돌로호프가 소리쳤다. "속았어! 돌아와!"

돌로호프는 대문을 잠그려는 문지기와 실랑이를 벌이고 있었다. 돌로호프는 마지막 힘을 다해 문지기를 밀어젖혔다. 아나톨리는 급히 문 밖으로 갔고 둘은 마차로 달려가서 마차를 타고 떠났다.

그날 이른 저녁에 마리아 드미트리예브나는 소냐가 복도에서 우는 것을 보고 모든 것을 털어놓으라고 했다. 마리아 드미트리예브나는 이야기를 전부 들은 후 나타샤를 곧장 자기 방에 가둬버렸다. 그리고 문지기에게 손님 두 명이 곧 도착할 것이라고 이야기했다. 그녀는 손님을 들인 뒤 나가지 못하도록 대문을 잠그라고 했다. 그녀는 가브리엘에게 분부를 내리고 응접실에 앉아 납치범들이 당도하기를 기다렸다. 가브리엘이 두 사람이 도망쳤다고 전하러 오자 그녀는 나타샤의 방으로 갔다. 나타샤는 얼굴을 벽 쪽으로 돌린 채 훌쩍이며 소파에 누워 있었다.

"내 말 듣거라! 너는 지급한 계집처럼 명예를 더럽혔다. 하지만 네 아버지를 생각해서 사실을 숨기마." 마리아 드미트리예브나가 말했다.

P. 113 "오, 내버려 두세요! 죽어버릴 거예요!" 나타샤가 울부짖었다. "왜 끼어드셨어요? 왜요, 왜? 누가 부탁이라도 하던가요?" 그녀는 다시 울음을 터뜨렸다.

다음날 로스토프 백작은 흥에 들떠 돌아왔다. 집을 사겠다는 사람과의 계약 건이 잘 성사되었던 것이다. 마리아 드미트리예브나는 나타샤가 그 전날 몸이 몹시 좋지 않았다고 이야기했다. 나타샤는 하루 종일 방에서 나오지 않았다. 그녀는 창가에 앉아 마차를 타고 지나가는 사람들을 보며 앉아 있었다. 누가 방에 들어오기라도 하면 무엇인가를 혹은 누군가를 기다리는 양 급하게 힐끗 돌아봤다. 백작은 나타샤를 보고 자기가 없는 동안 심각한 일이 있었음을 눈치챘지만 아무 것도 묻지 않았다. 단지 나타샤의 몸상태 때문에 시골 집으로 돌아가는 계획이 늦어져 불만스러울 따름이었다.

며칠 뒤, 피에르는 마리아 드미트리예브나에게서 편지를 받았다. 그녀는 안드레이 볼콘스키와 그의 약혼녀에 관한 중대한 문제를 상의하고 싶다며 와 달라고 했다. 피에르는 근래 들어 나타샤를 피해왔다. 나타샤에 대한 자신의 감정은 유부남이 친구의 약혼녀에게 가질 수 있는 감정의 도를 넘어선 것 같다고 생각했기 때문이다.

P. 114 마리아 드미트리예브나는 그에게 비밀을 지키겠다는 다짐을 받고 알고 있는 사실을 전부 말했다. 피에르는 자신의 귀를 믿을 수가 없었다. 나타샤 로스토바가 안드레이 볼콘스키와 파혼하고 자신이 알기로 이미 유부남인 아나톨리와 도망치기로 했다니. 그는 나타샤가 매력적이고 순수하다고 생각했었는데 이제보니 잔인한 데다 어리석기까지 했다. 그는 자신의 아내를 떠올렸다. '여자들은 다 똑같군!' 그는 생각했다.

"하지만 두 사람은 결혼할 수 없어요. 아나톨리는 이미 결혼한 몸이에요." 피에르가 말했다.

"갈수록 설상가상이군! 불한당같으니라고! 나타샤는 어제부터 그를 기다리고 있어요. 얘기를 해줘야겠어요!"

마리아 드미트리예브나는 피에르에게 로스토프 백작은 두 사람의 도피 계획에 대해 아무 것도 모른다고 했다. 마리아는 피에르가 아나톨리에게 모스크바를 떠나서 절대 돌아오지 말라고 이야기하도록 부탁했다. 피에르는 그녀가 원하는 대로 하겠노라고 약속했다.

21장

P. 115 피에르는 마리아 드미트리예브나의 집을 나와서 아나톨리를 찾아 시내를 돌아다녔다. 집에 돌아오자 아나톨리는 엘렌과 함께 있었다.

"아나톨리, 나와 함께 가지! 할 얘기가 있소."

아나톨리는 언제나처럼 자신감 넘치는 발걸음으로 그를 따라갔지만 얼굴에는 불안함을 감추지 못하고 있었다. 서재에 들어간 피에르는 문을 닫고 아나톨리의 얼굴은 쳐다보지도 않고 이야기했다.

"완력을 쓰지는 않겠으니 걱정 마시오! 모스크바를 떠나 나타샤와의 사이에서 있었던 일은 입도 벙긋 마시오."

다음날 피에르에게서 거액의 돈을 받아든 아나톨리는 페테르스부르크로 떠났다. 피에르는 아나톨리가 떠났다고 전하기 위해 마리아 드미트리예브나의 집으로 갔다.

P. 116 그는 집안 전체가 발칵 뒤집힌 것을 알았다. 아나톨리가 결혼했다는 사실을 전해들은 나타샤가 독약을 마셨다. 하지만 그녀는 너무 겁을 먹고 소냐를 깨워 자신이 저지른 일을 털어놓았다. 나타샤는 제때 해독제를 먹어 이제 위기는 넘겼으나 유독한 상태였다.

아나톨리가 떠나고 며칠 뒤 피에르는 안드레이로부터 전갈을 받았다. 모스크바에 도착했고 피에르가 보러 오기를 바란다고 했다. 그는 나타샤가 약혼을 파기했고, 아나톨리와 도망치려 했다는 소식을 전해 들었다. 피에르는 안드레이가 나타샤만큼이나 심기가 불편할 것으로 생각했는데 기분이 들떠 있는 것을 보고 놀랐다.

"로스토바 양한테서 파혼 통보를 받았네. 자네 처남이 그녀에게 청혼했다고 들었는데 사실인가?"

"사실이기도 하고 아니기도 한데…" 피에르가 말을 꺼내자 안드레이가 가로막았다.

"그녀의 편지와 초상화가 여기 있네. 그녀를 보게되면 전해 주게나." 그는 탁자에서 꾸러미를 집어들어 피에르에게 건넸다.

"그녀가 많이 아프다네."

P. 117 "그러면 아직 여기 있는 건가? 아나톨리 쿠라긴도?"

"아나톨리는 오래 전에 떠났지. 그녀는 사경을 헤맸다네."

"아프다니 너무 가슴이 아프군." 안드레이는 냉정하고 악의가 담긴 미소를 지어보이며 말했다.

피에르는 꾸러미를 받았다. "언젠가 자네가 타락한 여자는 용서해야 한다고 말했던거 기억하나?"

"기억하지. 하지만 그녀를 용서할 수 있다고 하지는 않았네. 그럴 수는 없네."

그날 저녁 피에르는 나타샤에게 꾸러미를 전해주러 로스토프가로 갔다. 그녀는 몸져 누워 있었다. 피에르는 편지를 소냐에게 주고 마리아 드미트리예브나에게 안드레이가 소식을 듣고 어땠는지 이야기했다. 10분 뒤 소냐가 들어와서 나타샤가 응접실에서 그를 기다린다고 했다. 피에르는 서둘러 그녀에게 갔다. 그녀는 그의 앞에서 힘겹게 숨을 쉬며 서 있었다.

"피에르." 그녀가 재빨리 말했다. "안드레이 공작이 언젠가 어려운 일이 생기면 당신을 찾으라고 했어요."

P. 118 피에르가 말없이 그녀를 쳐다보았다. 그녀를 경멸해 주리라 다짐했건만 지금은 그녀를 향한 연민만이 남았다.

"그에게 절 용서… 용서하라고 해주세요!" 그녀는 말을 멈추고 한층 가쁜 숨을 몰아쉬었지만 울지는 않았다.

"네, 그렇게 말하죠. 하지만…"

"끝나버린 건 알아요." 그녀가 서둘러 말했다. "하지만 제가 그에게 저지른 일 때문에 괴로워요." 그녀는 온몸을 바르르 떨더니 의자에 앉았다.

P. 119 피에르의 가슴은 전에는 경험하지 못했던 애처로움으로 넘쳐흘렀다. "한 번 더 모든 얘기를 하죠. 그런데… 한 가지 알고 싶은 게 있는데… 당신은 그를… 그 몹쓸 놈을 사랑했나요?"

"그를 몹쓸 사람이라고 하지 마세요! 하지만 모르겠어요. 나도 모르겠어요."

그녀는 울음을 터뜨렸고 피에르는 연민과 사랑의 감정으로 북받쳐 올랐다. 그는 안경 밑으로 눈물이 흘러내리는 것을 느끼고 나타샤가 알아채지 않기를 바랬다.

"더 이상 이 얘기는 하지 않기로 하죠. 안드레이에게 전부 말하죠. 날 친구로 여겨주세요. 도움이나 조언을 구하거나 누군가에게 그냥 마음을 털어놓고 싶으면, 지금은 아니더라도 마음이 좀 가라앉거든 나를 떠올려주세요!" 그는 이렇게 말하며 그녀의 손을 잡고 키스했다.

"저에게 그렇게 말씀하지 마세요. 전 그럴 자격 없어요!" 나타샤가 소리쳤다.

나타샤가 방에서 나가려고 돌아서자 피에르가 그녀의 손을 잡았다.

P. 120 피에르는 아직 그녀에게 할 말이 남았음을 알면서도 말을 꺼내며 자기 말에 스스로 놀랐다.

"그만, 그만해요! 당신은 아직 미래가 창창하잖아요."

"저에게요? 아니에요! 다 끝났어요."

"모두 끝났다고요? 내가 세상에서 가장 잘생기고, 멋있고, 똑똑한 남자에 미혼의 몸이라면 지금 이 순간에 당신에게 청혼하고 사랑을 구하겠어요!"

나타샤는 고마움에 눈물을 흘리며 그를 흘끔 보고는 방에서 나갔다.

22장

1812년 6월 12일, 나폴레옹의 군대는 러시아 국경을 넘었다. 외교관들은 여전히 평화가 올 것이라는 가능성을 굳게 믿고 있었다. 나폴레옹은 알렉산드르 황제에게 서신을 보내 전쟁을 원치 않으며 언제나 황제를 사랑하고 존경한다고 확인시켰다. 하지만 그와 동시에 나폴레옹은 군대와 합류해 동쪽으로 진격하라는 지시를 내렸다.

P. 121 그러는 사이 알렉산드르 황제는 빌나에서 군대를 사열하고 기동훈련을 하고 있었다. 모두가 전쟁이 터질 것으로 예상하고 있었지만 아무런 전쟁 준비도 되어 있지 않았다. 전체적인 전투 계획도 없고, 전군을 지휘할 총사령관도 없는데 황제는 그 책임을 맡지 않았다. 황제가 빌나에 오래 머물수록 전쟁 준비는 미비해졌다.

알렉산드르 황제는 프랑스 군대의 공격 소식을 보고받고 나폴레옹에게 서한을 보냈다. 그는 나폴레옹을 찾아 편지를 전달하도록 발라셰프 장군을 급파했다. 장군은 러시아 영토에 무장한 프랑스군이 한 명이라도 남아 있는 한 평화는 없다고 나폴레옹에게 전해야 했다. 나흘이 지나서야 발라셰프는 나폴레옹을 만날 수 있었다. 그는 나폴레옹의 부관들에게 연행되어 짐마차로 이송되었다. 그러는 동안 프랑스군은 진격해 빌나 주변 전 지역을 점령했다. 발라셰프는 나흘 전 마을을 떠나며 지났던 바로 그 문에서 마침내 나폴레옹과 마주했다.

P. 122 "나에게 비스툴라 강과 오데르 강 너머로 퇴각하라는 명령을 내리다니 따를 수 없소!" 나폴레옹은 편지를 읽으며 격분해 소리쳤다. "페테르스부르크와 모스크바를 통째로 준다고 해도 그런 조건은 받아들일 수 없소. 내가 이 전쟁을 일으켰다고 했소! 하지만 누가 먼저 군대를 소집했소? 내가 아니

고 알렉산드르 황제요!" 그는 잠시 말을 멈추고 주머니에서 금제 코담뱃갑을 꺼내 들이마셨다. "황제에게 가서 프러시아를 선동해 전쟁을 일으키면 프러시아를 유럽 지도에서 날려버리겠다고 전하시오! 러시아를 드비나 강과 드네프르 강 후방으로 몰아내겠소. 러시아가 나를 따돌린 대가로 자초한 것이오!"

발라셰프는 나폴레옹의 편지를 다시 알렉산드르 황제에게 전했다. 그것이 나폴레옹과 러시아 황제 사이의 마지막 편지였다. 전쟁은 시작되었다.

안드레이는 페테르스부르크에서 예전 지휘관인 쿠투조프를 만났고 그는 안드레이에게 몰다비아로 함께 가자고 했다. 그래서 안드레이는 사령부 참모로 임명되어 터키로 떠났다. 낯선 나라에서의 생활은 견딜만 했다.

P. 123 하지만 전쟁 소식을 접하자 그는 쿠투조프에게 러시아의 서부군으로 전출시켜 줄 것을 요청했다. 쿠투조프는 허락했고 서부군에 배속되기 전에 안드레이는 볼드 힐즈를 방문했다. 그곳에 머무는 동안 그는 불청객인 것처럼 느껴졌다. 아버지가 마리아를 냉대하는 것과 브리엔 양을 편애하는 문제로 아버지와 다퉜다. 노공작은 그의 말을 들으려 하지 않고 역정을 냈다. 그는 안드레이에게 떠나서 다시는 돌아오지 말라고 했다. 마리아는 안드레이에게 하루 더 머물며 아버지와 화해하라고 설득했다. 그러나 안드레이는 오래 머물수록 갈등은 깊어질 것이라고 했다.

"불행은 신이 내린 것이니 인간이 탓해선 안 됨을 명심해." 안드레이가 떠날 때 마리아가 말했다.

'그럼 그럴테지!' 안드레이가 마차를 타고 가며 생각했다. '마리아는 너무 오래 사시는 바람에 정신이 이상해진 아버지 때문에 희생하는 거야. 아버지도 죄책감을 느끼시지만 바꾸시지는 못하시는 거지. 그리고 난 군대로 복귀하고 있고.

P. 124 왜냐고? 나도 모르겠어.'

안드레이는 1812년 6월 말 총사령부에 도착했다. 1군과 함께 알렉산드르 황제는 드리사에 있었다. 2군은 퇴각하면서 1군과 합류하려고 했지만 도중에 프랑스의 대군에 차단당했다. 하지만 전쟁이 서부로까지 확대되리라 생각하는 사람은 없었다. 안드레이가 드리사에서 지내는 동안 일부 장군들이 황제에게 서신을 보내 군대에서 떠나 줄 것을 정중히 요청했다. 장군들은 국가를 지키도록 백성들이 분기하려면 황제가 모스크바에 있어야 한다고 했다.

군을 통솔할 마음이 없던 황제는 이를 구실 삼아 군대를 떠나버렸다.

23장

나타샤를 만난 밤 이후로 피에르는 나타샤밖에 떠오르지 않았다. 삶의 의미에 대해 예전에 고심했던 질문들은 흔적조차 없이 사라졌다. 어떤 문제에 직면해서도 이렇게 생각했다. '그게 무슨 상관이야?

P. 125 나타샤가 어제 나에게 미소를 지으며 또 오라고 했어. 난 그녀를 사랑해.' 그리고 피에르의 영혼은 안정과 평온을 느꼈다. 그는 꾸준히 로스토프 백작의 집을 찾았다. 나타샤는 여전히 잠을 많이 자지도, 음식을 많이 먹지도 못하고 의기소침해 있었다. 의사들이 치료를 받지 않으면 차도가 없을 것이라고 하자 로스토프가는 1812년 여름에 시골로 옮겨가지 않았다. 그러나 나타샤의 병의 진짜 원인은 상심한 마음에 있었다. 하지만 점차 슬픔은 사라지고 나타샤는 회복되기 시작했다. 한때 그녀는 아무런 걱정 없이 그저 행복하고, 어린아이같이 순수한 마음으로 이 남자 저 남자와 쉽사리 사랑에 빠졌다. 하지만 지금은 웃지도, 노래하지도 않고 항상 슬퍼 보였다. 그녀는 피에르가 찾아와 곁에서 보살펴 주면 편안함을 느꼈고 둘 사이에는 서서히 사랑이 싹텄다.

전쟁은 러시아에 불리하게 전개되었다. 기적이 일어나지 않으면 러시아는 구제될 수 없다는 풍문이 모스크바를 휩쓸었다. 황제는 귀족들에게 도움을 청했고 회의가 소집되었.

P. 126 피에르는 회의에서 경제 지원보다는 전쟁에 이기기 위한 전략을 세우는 편이 더 효용 가치가 있을 것이라고 제의했다. 그러나 귀족들은 애국심에 사로잡혀 이성을 잃었다. 그들은 각자 보유한 농노 1000명 당 10명 꼴로 병사를 징집해 장비를 갖춰 주겠다고 단언했다. 피에르도 황제의 말을 듣고 애국심이 솟구쳐 자신의 이전 발언에 부끄러움을 느꼈다. 그는 1000명의 병사를 모으고 그들에 대한 제반 비용을 대겠다고 약속했다. 다음날 황제는 모스크바를 떠났다. 귀족들은 집사들에게 농노를 징집하도록 명을 내렸다. 그들은 각자 집으로 돌아가 자신들이 무슨 일을 저질렀는지 알고 놀랐다. 로스

토프 백작은 몇 달 동안 막내 아들인 페트야의 입대에 반대했다. 15살 난 페트야의 입대를 허락하면 부인이 용서하지 않을 것임을 알고 있었다. 그러나 백작은 회의에서 다른 귀족들처럼 애국심에 휩쓸렸다. 그는 곧바로 페트야의 입대를 허락하고 직접 아들을 병적에 넣었다.

24장

P. 127 오래지 않아 러시아군은 몰려오는 압도적인 프랑스군에 밀려 후퇴했다. 안드레이는 아버지와 여동생에게 편지를 써서 즉시 모스크바로 피난가라고 했다. 프랑스군이 이미 비테브스크에 입성했으며 나흘 뒤면 스몰렌스크에 당도할 것이라는 풍문이 돌았다. 볼드 힐즈는 스몰렌스크에서 동쪽으로 40마일 떨어져 있었다. 노공작은 처음에는 위험하다는 사실을 믿지 않았다. 그는 몸이 안 좋았고 종종 과거와 현재를 혼동했다. 마리아는 스몰렌스크에 있는 주청사에게 편지를 보내 볼드 힐즈가 위험한지 물었다. 집사장이 주지사의 편지를 가지고 돌아왔다. 지사는 노공작의 건강이 좋지 않으면 당장 모스크바로 떠나라고 충고했다. 하지만 스몰렌스크는 전혀 위험하지 않다고 확인해 줬다. 집사는 이것이 거짓임을 알았다.

P. 128 스몰렌스크 거리의 아우성을 목격했고 시 외곽에서 총성도 들려왔다. 러시아군은 적군에게 쫓겨 도시에서 퇴각하고 있었다.

안드레이가 지휘하는 연대도 스몰렌스크에서 퇴각하는 부대 중에 포함되어 있었다. 며칠 전 그는 가족이 모스크바로 가고 있다는 소식을 접했다. 스몰렌스크가 불타서 버려졌다는 소식에 안드레이는 분노했다. 마땅히 스몰렌스크를 사수해야 했다. 이제 그는 볼드 힐즈가 불타고 약탈당한다는 생각에 망연자실했다. 8월 10일 그의 연대는 볼드 힐즈에 이르는 대로를 지나 간선도로를 따라 진격하고 있었다. 그는 부하들을 남겨둔 채 말을 타고 자신이 태어나서 어린 시절을 보낸 저택으로 갔다. 황폐해진 들과 빈 집을 보고 마음이 깊이 동요했다. 집사장은 귀중하고 값나가는 물건들은 모두 보구차로보로 옮겨졌다고 했다. 농부들도 피해를 입었다. 그들 중 일부는 보구차로보로 갔고 일부만 볼드 힐즈에 남아있었다. 다시 연대로 돌아가며 안드레이는 가족들이 지금쯤이면 모스크바에 안착했을 것으로 확신했다. 안드레이의 가족들이 모스크바로 가던 도중 아버지가 여행을 못할 정도로 편찮으셔서 보구차로보에서 멈췄다고 말해 주는 이는 없었다.

P. 129 그리고 보구차로보에 도착하고서 바로 아버지가 돌아가셨음을 알 도리도 없었다.

노공작의 장례식이 끝난 뒤 마리아는 농부들이 굶주리고 있음을 알았다. 마리아는 보구차로보에 비축된 곡식을 나눠 주며 함께 떠나자고 청했다. 농부들은 프랑스군이 자신들을 해치지 않을 것이라 생각하고 마리아의 제의를 거절했다. 브리엔 양은 마리아에게 프랑스 당국이 자기들도 보호해주겠다고 이야기한 것을 들었다고 했다. 마리아는 적들의 수하에 들어간다는 생각에 공포심이 일었다. 하지만 위험에서 벗어나기 위해 타고 갈 말도 마차도 없었다. 그래서 그녀는 보구차로보를 떠날 수 없었다.

8월 17일, 니콜라이 로스토프는 보구차로보에서 10마일 떨어진 얀코보에 위치한 부대를 출발했다. 그는 이제 대위가 되어 기병대대를 지휘하고 있었다. 니콜라이는 떠나면서 동료 두 명과 경기대 연락병 한 명만 대동했다.

P. 130 그들은 보구차로보 저택에 관한 이야기를 듣고 남아있는 식량을 조금이라도 구하기를 바랬다. 니콜라이가 보구차로보에 도착하자 마리아는 그를 보고 마음이 놓였다. 며칠 동안 마리아는 겁에 질려 무기력하고 외로웠다. 마리아는 니콜라이를 자기와 같은 계층의 러시아 남자로 생각했고 그와 함께 있으면 안전함을 알았다. 마리아가 어려움을 토로하려 하자 그녀는 말을 더듬으며 감정을 주체하지 못하고 목소리가 떨렸다. 니콜라이는 두 사람의 만남을 낭만적인 사건으로 생각했다. '슬픔에 내몰린 나약한 여인. 운명이 나를 이곳으로 인도했군!' 그는 곧장 마리아의 안전을 보장하며 모스크바까지 경호해 주겠다고 했다. 곧 마차와 말이 대령되었다. 그는 마리아를 데리고 보구차로보에서 8마일을 나아갔다. 거리는 러시아군으로 뒤덮혀 있었다. 그는 떠나기 전에 그녀의 손에 키스했다.

"안녕히 가세요, 아가씨. 평화가 오면 다시 만나고 싶군요."

마리아의 얼굴은 감사한 마음으로 빛이 났다. 마리아는 니콜라이가 그곳에 없었더라면 자신은 프랑스군의 손에 죽었을 것이라고 확신했다. 그의 따스하고 숨김없는 눈길이 기억에서 사라지지 않았다. 그녀는 난생 처음이자 마지막으로 사랑에 빠졌다.

P. 131 니콜라이는 행복에 겨워 유순한 마리아를 떠올렸다. 마리아와 결혼하면 어떨까 하는 생각을 여러 차례 머릿속에 그려봤다. 나타샤를 버린 남자의 여동생이라는 것이 문제가 될까? 그는 마리아에게 매력을 느꼈고, 그녀는 재산도 많았다. 그녀와 결혼하게 되면 어머니를 행복하게 해 드리고, 아버지의 금전 문제도 해결할 수 있다. 하지만 소냐와의 약속은 어떻게 할 것인가?

25장

프랑스군이 모스크바로 접근하면서 피에르는 모스크바가 공격을 받을지도 모른다는 생각에 소스라치게 놀랐다. 그는 모스크바를 떠나기로 결심했다. 8월 24일에 저녁식사를 한 뒤 그는 마차를 타고 모스크바를 떠났다. 그날 말을 갈아타려 할 때 피에르는 셰바르디노에서 큰 전투가 벌어졌음을 알았다.

P. 132 어느 쪽이 승리했는지 알려줄 사람은 없었다. 길가 어디든 군대가 주둔해 있거나 행진하고 있었다. 피에르는 최대한 빨리 말을 몰았지만 모스크바에서 멀어질수록 불안감은 커져갔다. 그는 무엇인가 중대한 조치를 취하고, 무엇인가를 희생해야 한다는 생각이 들었다. 그런데 그것이 무엇인지 몰랐다. 25일, 그는 셰바르디노에서 오는 부상병 호송대를 보았다. 군의관이 다음 전투는 이튿날 보로디노에서 벌어질 것이라고 했다. 피에르는 그곳으로 가는 길을 묻고 병사들을 지나쳐 마차를 몰았다. 잠시 후 그는 마차를 멈추고 전장이 보이는 언덕으로 올라갔다. 잠시 주위를 돌아다니다가 그는 병사 무리와 마주쳤다. 그는 안드레이의 부대가 근처에 주둔해 있는 것을 알고 그날 저녁 그를 찾아가기로 마음먹었다.

안드레이는 7년 전 아우스터리츠에서처럼 흥분되고 초조했다. 다음날 전투에 대한 지시를 받고 부하들에게 전달하자 더 이상 할 일이 없었다. 다음날 벌어질 전투는 그 어느 때보다 치열할 것임을 알고 있었다. 그는 자신이 살면서 겪은 세 가지 크나큰 슬픔에 대해 생각했다. 나타샤를 향한 사랑, 아버지의 죽음, 그리고 러시아의 절반을 휩쓸어버린 프랑스의 공격.

P. 133 '내일이면 난 죽을 게 확실해. 인생은 변화하고 다른 사람들에게는

언제나처럼 계속되겠지만 난 아무 것도 모를 테지. 존재하지 않을 테니.' 오싹한 전율이 등골을 타고 내렸다. 그는 밖으로 나가 거닐다가 피에르를 만났다.

두 사람은 잠시 이런저런 이야기를 나누다가 다음날 있을 전투에 대해 이야기하기 시작했다. 안드레이의 부하 몇 명이 대화에 끼어들었다. 피에르는 전술에 대한 이야기를 하다가 전쟁을 체스 경기에 비유했다. 병사들은 전투에서 이기려면 용기와 운이 있어야 한다고 했고 안드레이도 동의했다.

"전투의 승리는 결코 지위나 장비, 병사의 수에 달린 게 아니야." 안드레이가 말했다.

"그럼 무엇에 달려 있나?" 피에르가 말했다.

"나와 저 친구의 마음 속에 담긴 감이지." 안드레이가 다른 장교를 가리키며 말했다. "그리고 모든 병사들의 마음 속에."

"그럼 우리가 내일 전투에서 이길 거라 생각하나?" 피에르가 물었다.

P. 134 "그렇네." 그는 눈을 반짝이고 입술을 바르르 떨며 이야기를 시작했다. "전쟁이 호의를 베푸는 건 아니지 않나. 인생에서 가장 끔찍한 일이지. 우린 그 사실을 이해하고 전쟁이 일어나지 않도록 해야해. 전쟁의 목적은 살육이야. 가장 많이 죽인 사람에게 가장 값진 보상이 주어지지. 친구, 난 요즘 사는 것이 힘들다네.

P. 135 너무 많은 걸 알아버렸나봐. 그런데 이제 잘 시간이군." 그는 피에르를 안고 키스했다. "안녕, 잘 가게!"

다음날 아침 피에르는 전투가 벌어지는 소리에 잠을 깼다. 그는 전날 전장을 내려다보았던 언덕에 올랐다. 이제 전 지역에는 병사들이 그득하고, 총에서 피어오르는 연기가 자욱했다. 그는 눈앞에 펼쳐진 광경에 들뜨고 자극을 받아 얼굴에서 미소가 떠나지 않았다. 그는 언덕을 내려왔고 앞에서 행군하던 보병 대열에 둘러싸였다. "저 친구는 왜 여기 있는 거야?" 누군가가 외쳤다. "오른쪽으로 붙어!" 그 병사가 피에르에게 소리쳤다. 피에르가 오른쪽으로 가자 안면이 있는 부관이 보였다. 부관은 전장이 내려다보이는 언덕을 가리켰다. 피에르가 그곳으로 가자 포좌가 있었다. 피에르는 한쪽 참호 끝에 앉아서 행복한 미소를 지으며 주위를 둘러보았다. 피에르가 지휘관 옆에 서 있을 때 한 젊은 장교가 뛰어와 탄약이 거의 바닥났다고 보고했다.

P. 136 피에르는 그 사람과 함께 가서 탄약 상자를 가져오겠다고 자원했다. 그가 비탈을 달려 내려오는 동안 포탄 여러 발이 머리 위로 날아갔다. 그는 탄약 수레 근처에 멈췄다. 그때 그는 별안간 무시무시한 충격을 받고 땅바닥에 고꾸라졌다. 동시에 거대한 섬광을 보고, 귀청이 터질 것 같은 굉음을 듣고 귀가 얼얼했다. 정신을 차려보니 탄약 수레는 사라지고 없었다. 대포가 있던 곳으로 가니 대포는 프랑스군이 차지했고 러시아군은 모두 죽은 뒤였다.

P. 137 2시경, 안드레이의 연대에 언덕 위의 대포 쪽으로 진군하라는 명령이 떨어졌다. 벌써 부하 200명을 잃은 뒤였다. 안드레이는 연대의 다른 병사들처럼 얼굴이 하얗게 질려서 우울해했다. 갑자기 폭발 소리가 들리고 화약 냄새가 피어올랐다. 그의 복부 오른쪽에서 피가 솟구쳐 주변의 풀을 물들이고 있었다. 위생병들이 그를 숲가의 응급치료소로 후송했다. 보로디노에 있는 양측 군대는 전열이 와해되어 어느 한쪽이 조금만 분발하면 승리할 수도 있는 상황이었다. 그러나 프랑스군도 러시아군도 그런 노력을 하지 않았고 전투의 불길은 서서히 꺼져갔다. 러시아군은 모스크바로 후퇴하면서 프랑스군의 추격을 받았다.

26장

P. 140 쿠투조프에게는 두 가지 선택의 길이 있었다. 전투를 하지 않고 모스크바를 포기하거나, 모스크바와 군대를 다 잃을 위험을 무릅쓰고 싸우는 것이다. 군대를 잃으면 러시아 전체를 잃는 것이다. 전투를 하지 않고 모스크바를 넘겨주면 그의 군대는 하루를 더 싸울 수도 있었다. 그는 군대를 이끌고 모스크바에서 80마일을 나아가 나중에 나폴레옹과 대적할 준비를 했다. 한편 그는 나폴레옹이 모스크바의 국민을 해치고, 재물을 약탈할 것으로 판단하고 전부 모스크바를 떠나도록 명령했다. 프랑스군은 모스크바로 진격해 왔고 목표에 다가설수록 군사력은 증강되었다. 러시아군은 후퇴하면서 남은 모든 것을 소각하고 적의 수중에 들어갈 것은 남기지 않았다. 프랑스군의 보급품이 부족해지자 병사들은 찾아낸 식량은 뭐든 먹었다. 프랑스군이 떠난 자리에는 굶주리고 적개심에 찬 수백만 명의 농민들만 남았다.

보로디노 전투 이후 피에르는 망연자실하여 비탄에 빠졌다. 그날 겪은 끔찍한 일에서 벗어나고 싶을 마음뿐이었다.

P. 141 그는 길에서 병사 무리를 만나 함께 모즈하이스크까지 걸어갔다. 전날 밤에 묵었던 여관에 도착하자 모든 방이 차있었다. 그는 마당으로 나가 마차에 누웠다. 그의 마음속에는 전장에서 보았던 끔찍한 광경들이 계속해서 떠올랐다.

다음날 아침 피에르가 잠에서 깨자 여관 주인은 프랑스군이 벌써 모즈하이스크 근처에 당도했다고 했다. 러시아군은 계속 진격하면서 1만 명의 부상병을 버려두고 갔다. 피에르는 부상당한 한 장군에게 마차를 내주며 함께 모스크바로 갔다. 장군은 안드레이 공작이 전투에서 치명상을 입었다고 했다. 피에르는 8월 13일에 모스크바에 도착했다. 모스크바 총사령관의 부관이 전갈을 들고 문 앞에서 그를 마중했다. 즉시 총사령관인 로스토프친 백작에게 오라는 지시였다.

P. 142 로스토프친 백작은 프리메이슨 단원 몇 명이 반역죄로 기소되었다고 했다. 그는 피에르에게 그들과의 관계를 끊고 모스크바를 떠나라고 경고했다. 피에르가 방에서 나올 때 로스토프친이 그에게 소리쳤다. "자네 아내가 카톨릭 교인인 게 사실인가?" 피에르는 대답도 하지 않고 언짢고 짜증스런 기분으로 나와버렸다. 그가 집에 왔을 때 엘렌에게서 온 편지가 있었다. 그가 보로디노 전장에 있을 때 배달된 것이었다. 엘렌은 러시아 귀족과 결혼할 예정이며 참된 신앙을 찾아 개종했다고 했다. 그녀는 피에르에게 이혼에 필요한 모든 절차를 밟으라고 요구했다. 그녀는 러시아가 안전해질 때까지는 해외 여행을 할 것이라고 했다.

피에르는 혼란스러워졌다. '단순하게 사는 것이 신에 대한 도리다. 세상 모든 일의 의미를 찾는 데는 고통이 수반된다… 아내가 결혼한다… 잊어버리고 이해해야 한다…' 그는 이렇게 생각하고 침대로 가서 옷도 벗지 않고 몸을 던져 곧바로 잠들었다. 다음날 아침 일어나 보니 십여 명의 사람들이 그를 만나기 위해 응접실에서 기다리고 있었다. 그는 재빨리 옷을 입고 그 사람들을 보러 가지 않고 뒷문으로 빠져나갔다.

P. 143 모스크바가 함락되기 전까지 피에르의 집안 사람 누구도 그를 다시 보지도, 행방을 알지도 못했다.

27장

모스크바의 최종 피난일이 가까워오고 있었다. 프랑스군이 언제라도 들이닥칠 상황이었다. 8월 28일부터 31일까지 모스크바는 아비규환이었다. 매일 수천 명의 부상병들이 보로디노에서 도로고밀로프 관문으로 밀려 들어왔다. 모스크바 시민들과 가재 도구를 실은 수천 대의 수레는 다른 관문으로 빠져나갔다.

소냐는 짐싸는 일을 맡았다. 일을 하니 슬픈 생각을 떨쳐내는데 도움이 되었다. 니콜라이는 어머니에게 보내는 편지에 마리아를 만나 좋아하게 됐다고 썼다.

P. 144 백작부인은 두 사람의 만남에 대한 소식을 듣고 기뻤다.

"안드레이와 나타샤의 약혼은 정말 마음에 들지 않았어. 그래서 항상 니콜라이가 공작의 딸과 결혼하기를 바래왔지. 얼마나 잘된 일이냐!" 백작부인은 소냐에게 말했다.

로스토프가의 재정 상태가 나아질 유일한 방법은 니콜라이가 돈 많은 여자와 결혼하는 것이다. 소냐는 마리아가 좋은 신붓감인 것을 알고 있었지만 니콜라이를 잃는다는 생각에 너무 슬펐다.

페트야와 나타샤는 짐싸는 일에 전혀 도움이 되지 않았다. 페트야는 다음날 전투가 벌어질 것이라는 소식에 흥분해 있었다. 나타샤는 너무 오랫동안 슬픔에 잠겨 있다가 좀 나아진 상태라서 기분이 들떴다. 소냐가 가족의 짐싸는 일을 지휘하는 동안 나타샤는 자기 방으로 가서 개인 짐을 쌌다. 하지만 이내 지루해졌다. 그녀는 일어나 창 밖을 내다보았다. 부상병을 잔뜩 실은 긴 수레 행렬이 거리에 멈춰서 있었다. 나타샤는 밖으로 뛰어나가 한 장교에게 부상병들이 집안과 마당에서 밤을 보내도 된다고 했다. 그녀의 부모도 허락했다. 그날 밤 또다른 부상병을 실은 마차 한 대가 마당으로 들어왔다. 의사한 명과 병사 두 명이 짐수레를 타고 따라 들어왔다.

P. 145 하녀장은 부상병이 지위가 높은 사람일 것으로 생각하고 집안으로 들였다. 그는 안드레이 공작이었다.

다음날 아침 나타샤는 부상자들이 프랑스군의 손에 내맡겨져야 할 처지라는 것을 알았다. 그녀는 일부 부상병들을 자기들의 짐수레에 태우게 해달라고 아버지를 졸랐다. 백작부인은 반대했다. 병사들을 데려가면 일부 짐을 남겨두고 가야 했다. 나타샤는 사람의 생명이 그런 물건보다 더 중요하다고 고집을 부렸다. 마침내 백작부인이 승낙하자 부상병들은 농부들의 짐수레 30대에 나눠 탔다.

오후 2시, 부상병을 실은 짐수레는 차례차례 마당 밖으로 나갔다. 안드레이가 탄 마차가 현관을 지날 때 그 모습이 소냐의 눈에 띄었다. 그녀는 하녀 한 명을 불러 마차에 누가 탔는지 물었다.

"안드레이 볼콘스키 공작님이십니다! 생명이 위독하시다고 합니다." 하녀가 한숨을 쉬며 말했다.

P. 146 소냐는 백작부인에게 달려가 그 소식을 전했다. 두 사람은 나타샤에게는 아무 말도 않는 게 좋겠다는 판단을 내렸다.

나타샤가 백작부인 옆 자리로 타자 마차는 붐비는 거리로 달려 나갔다. 그녀는 가끔 마차 창 밖으로 몸을 내밀어 앞에 가는 긴 짐수레 행렬을 바라보았다. 수하레프 급수탑을 돌 무렵 갑자기 나타샤가 놀라서 소리쳤다.

"저런! 엄마, 소냐, 저기 봐요. 피에르야! 마부 옷을 입고 있어요. 엄마, 보세요!"

"아니다, 피에르가 아니야. 어떻게 그런 말도 안 되는 소리를 하니?" 백작부인이 말했다.

"맞아요, 엄마!" 나타샤가 외쳤다.

피에르는 나타샤를 보고 급히 마차 쪽으로 왔다.

"피에르! 당신인 줄 알았어요!" 나타샤가 피에르에게 손을 내밀며 말했다. "뭐 하는 거예요? 왜 그런 옷을 입고 있죠?"

피에르는 움직이는 마차 옆을 따라 걸으며 나타샤가 내민 손을 잡고 키스했다.

"그럼, 모스크바에 있을 거예요?" 나타샤가 물었다.

P. 147 피에르가 머뭇거리다 대답했다. "네, 모스크바에 있을 겁니다."

"무슨 일이에요, 백작? 당신답지 않군요." 백작부인이 말했다.

"아, 묻지 마세요, 묻지 마세요! 저도 제 자신을 모르겠습니다. 안녕히 가세요, 안녕히!" 피에르가 중얼거리더니 마차 뒤쪽으로 떨어져 인도로 올라섰다.

나타샤는 오래도록 마차 밖으로 몸을 내밀어 약간 당황한 듯하면서도 행복한 미소를 지으며 바라보았다.

28장

이틀 동안 피에르는 최근에 사망한 프리메이슨단 친구의 집에서 지냈다. 죽은 친구의 하인이 피에르가 묵도록 허락했고 모실 사람이 생겨 기쁜 듯했다. 피에르가 변장할 옷과 권총이 필요하다고 하자 하인은 아무 것도 묻지 않았다.

P. 148 그는 마부의 외투와 모자를 찾아주고 권총은 다음날 구해주겠다고 약속했다. 피에르는 권총을 사러 가다가 로스토프 일가를 만났다. 피에르는 내내 술에 취해 지냈고 거의 제정신이 아닌 상태에서 나폴레옹을 암살할 궁리를 하고 있었다. 그는 자신이 나폴레옹의 지배를 끝낼 사명을 띠고 있다는 생각에 사로잡혀 있었다.

9월 3일 피에르는 늦게 잠을 깼다. 11시였다. 그는 그날 하기로 했던 일을 기억해냈다. '너무 늦었나? 아냐. 정오까지는 모스크바에 입성하지 못할 거야.' 하고 생각한 피에르는 옷을 입고 권총을 들고 막 밖으로 나가려 했다. 하지만 권총을 손에 들고 거리를 다닐 수는 없겠다는 생각이 들었다. 외투 안에 감추기에는 총이 너무 커서 단도를 쓰기로 했다. 그는 칼을 조끼 안의 허리띠 밑에 꽂아넣고 거리로 나갔다. 모스크바 강 위의 바지선들은 물론 강 건너 바자르와 포바르스코이의 건물들도 불타고 있었다. 주위는 연기와 타는 냄새로 그득했다. 간혹 거리에서 불안한 표정의 러시아인들과 마주쳤고 프랑스인들의 모습도 보였다.

P. 149 그는 용기를 잃을까 두려워 자기 앞에 닥친 일에 온 정신을 집중했다. 그는 도시의 출입구로 입성하는 나폴레옹과 만날 것으로 예상했다. 그러나 나폴레옹은 이미 크렘린 궁전에 도착해 화재를 진압하고 약탈을 금하라는 지시를 내리고 있었다. 피에르는 숙명의 과업을 달성할 수 없게 되었다는 사실을 알 길이 없었다.

피에르가 포바르스코이에 가까이 갔을 때 한 프랑스 병사가 옷을 잘 차려입은 아름다운 여인 앞에 서 있는 것을 보았다. 그는 프랑스군이 여자를 해치려는 것이 분명하다고 생각했다. 그는 그쪽으로 달려갔고 병사는 여자를 붙들고 걸고 있던 목걸이를 낚아챘다. 여자가 소리를 질렀다. 피에르는 병사에게로 가 어깨를 잡고 넘어뜨렸다. 바로 그때 말을 탄 프랑스 순찰병들이 길모퉁이를 돌아왔다. 그들은 피에르에게 와서 그를 포위했다. 피에르는 그 이후로 어떤 일이 일어났는지 기억하지 못했다. 그저 누군가를 때리고 누군가에게 얻어맞고 손이 포박되었다는 것만 기억났다. 군인이 그의 몸을 수색하다 단도를 찾아냈다.

P. 150 "프랑스 말 할 줄 아느냐? 넌 누구냐? 왜 이 단도를 가지고 있지?" 장교가 물었다.

"내가 누군지는 말하지 않겠다. 난 너희의 포로다. 잡아가라!" 피에르가 대답했다.

"그래!" 장교가 얼굴을 찌푸리며 중얼댔다. "그럼 좋다. 가자!"

피에르는 술을 마신 것처럼 기분이 고조되었다. 그는 프랑스군 사이를 의기양양하게 걸어갔다.

29장

로스토프가는 9월 2일 밤을 모스크바에서 14마일 떨어진 미티시치의 오두막에서 보냈다. 그들과 함께 이동하던 부상병들은 마당과 마을의 다른 오두막에 잠자리를 마련했다. 10시가 조금 지난 뒤 하인 한 명이 백작에게 모스크바가 불타고 있다고 전했다. 백작부인은 그 소식을 듣고 울기 시작했다. "아, 정말 끔찍하군요!" 소냐가 말했다. 그러나 나타샤는 신경도 쓰지 않았다. 저녁식사 때 소냐로부터 안드레이가 부상병들 중에 끼어 있다는 이야기를 들은 이후 거의 말을 하지 않았다.

P. 151 다른 가족들이 잠들자 나타샤는 자리에서 일어났다. 그녀는 냉기가 흐르는 복도로 들어서 안드레이가 누워있는 방의 문을 열었다. 그날 밤 안드레이를 볼 수 있다는 희망에 하루를 버텼다. 하지만 이제 그 순간이 오자 자기 앞에 펼쳐질 광경에 두려움이 밀려왔다. 그날 저녁 안드레이는 나타샤 생각에 빠져 있었다. 자신이 나타샤를 얼마나 잔인하게 대했는지 알았다. 용서

를 베풀었어야 했는데 말이다. 나타샤를 한 번이라도 보고 싶었다. 무슨 소리가 들리고 신선한 공기의 내음이 느껴졌다. 그리고 문앞에 누군가가 나타났다. 다가온 사람은 창백한 얼굴에 반짝이는 눈을 한 나타샤였다. 안드레이는 헛것을 보고 있다고 생각했다. 그가 몸을 살짝 움직이자 갑자기 귀가 울리더니 의식을 잃었다. 정신을 차리니 나타샤가 옆에 무릎을 꿇고 있었다. 그는 안도의 한숨을 내쉬고 미소를 지으며 손을 내밀었다.

P. 152 "당신이오? 난 정말 운이 좋은 사람이군!" 그가 말했다.

나타샤는 조심스레 그의 손을 잡고 가볍게 키스하기 시작했다. "날 용서해 주세요! 용서해 주세요!" 나타샤가 낮은 소리로 말했다.

"예전보다 당신을 더 사랑하오. 용서해 줄 것도 없소." 안드레이가 말했다.

P. 153 로스토프 가족이 야로슬라블로 가는 여정 동안 나타샤는 안드레이의 곁을 떠나지 않았다. 백작부인은 안드레이가 나타샤의 품에서 죽으면 얼마나 끔찍할지 머릿속으로 떠올려보았지만 아무런 말도 하지 않았다. 안드레이가 회복되면 두 사람의 약혼은 다시 유효할 것이라는 생각이 들었다. 하지만 누구도 특히나 나타샤와 안드레이는 그 이야기를 꺼내지 않았다.

그러는 사이 니콜라이는 말을 찾으러 가던 중 보로네즈에서 마리아와 다시 만났다. 그는 마리아의 영혼에 감화되었다. 뿌리칠 수 없는 매력이었다. '마리아는 놀라운 여인이야. 진정한 천사지! 왜 난 매인 몸일까? 왜 소냐와의 관계를 그렇게 성급하게 몰아갔지?' 그는 혼잣말을 하다가 기도를 올리기 시작했다. '오, 신이시여! 이 끔찍한 상황에서 절 놓아 주소서!' 눈에 눈물이 고였을 때 문이 열리고 당번병이 편지 몇 통을 가지고 들어왔다. 하나는 어머니로부터, 다른 하나는 소냐로부터 온 것이었다. 그는 소냐의 편지를 먼저 뜯었다. 몇 줄을 읽고 얼굴이 새파래지며 두려움과 기쁨에 눈이 휘둥그래졌다.

P. 154 "아냐, 그럴 리가 없어!" 그는 크게 소리쳤다. 방금 기도했던 일이 이루어진 것이다. 소냐는 함께 나눈 약속의 굴레를 벗겨 주겠으니 마리아와 결혼하라고 했다.

니콜라이는 어머니가 소냐에게 약속을 없던 일로 하고 자신을 놓아주도록 시켰으리라고는 추호도 의심하지 않았다. 소냐에게는 힘든 일이었지만 그녀는 로스토프 가족 모두를 사랑했고 타인을 위해 자신을 희생하는 일에는 익숙했다. 그녀는 안드레이와 나타샤가 다시 사랑에 빠져 결혼할 수도 있다는 생각에 기뻤다. 그렇게 되면 사돈지간인 마리아와 니콜라이는 결혼할 수 없다. 소냐는 자신의 개인사를 운명의 신이 거들어주고 있음에 기분이 흡족해졌다.

다른 편지는 니콜라이의 어머니로부터 온 것이었다. 내용은 모스크바에서의 마지막 날들과 피난, 화재, 재산을 전부 잃은 일에 관한 것이었다. 안드레이 공작이 부상병들 사이에 섞여 함께 이동했다는 것도 적었다. 안드레이의 상태는 위독하지만 아직 희망이 있다고 했다. 다음날 니콜라이는 마리아를 만나러 가서 안드레이가 살아 있다고 전했다. 두 사람은 나타샤가 안드레이를 간호한다는 것이 무슨 의미인지에 대해서는 아무 말도 하지 않았다.

P. 155 그러나 이 편지 덕분에 니콜라이는 마리아와 더 가까워졌다. 그는 마리아와 함께 시간을 보낸 뒤 자기 연대로 복귀했다.

마리아는 안드레이가 로스토프 일가와 함께 있다는 소식을 접하고 안드레이에게 가기로 마음먹었다. 브리엔 양, 어린 니콜라이와 그의 가정교사, 그리고 하인 몇 명이 마리아와 함께 갔다. 일행이 로스토프가에 도착했을 때 마리아는 한 젊은 여자가 입구에 기다리는 것을 보았다. 소냐였다. 그녀는 재빨리 마리아를 집안으로 데리고 들어갔다.

"안드레이 오빠는 어디 있나요?" 마리아가 물었다.

"아래층에 있어요. 나타샤와 함께요. 당신이 여기 온다고 얘기했어요." 소냐가 말했다.

바로 그때 마리아는 발소리를 들었다. 나타샤가 방으로 들어오고 있었다. 나타샤의 얼굴을 보자 마리아는 동병상련의 정을 느끼며 친구가 될 것임을 알았다. 그녀는 나타샤에게 달려가 어깨에 얼굴을 묻고 울음을 터뜨렸다.

"안드레이 오빠는 어때요?" 마리아가 물었다.

P. 156 별안간 나타샤는 입술을 실룩거리며 흐느끼기 시작했다. 마리아는 나타샤를 이해했다. 둘은 아래층 안드레이의 방 근처에 잠시 앉아 평온한 얼굴로 안드레이를 대할 수 있도록 마음을 진정시켰다.

"오빠의 몸이 나빠진지 오래 됐나요? 언제 부상당했어요?" 마리아가 물었다.

나타샤는 야로슬라블에 도착했을 때 상처가 곪기 시작했다고 말했다. 그리고 열이 났는데 의사는 열이 그렇게 심각한 수준은 아니라고 했다. 하지만 이틀 전부터 안드레이의 상태에 변화가 있었다.

"몸이 더 약해진 거예요? 더 야위고?" 마리아가 물었다.

"아니, 그렇진 않아요. 하지만 더 나빠졌어요. 오, 마리아. 그렇게 착한 안드레이가 더 이상 살지 못하게 되다니."

두 사람이 안드레이의 방에 들어섰을 때 마리아는 나타샤가 한 말의 의미를 알 수 있었다. 안드레이는 여위고 창백했다. 메리는 안드레이의 표정이 부드러워진 것을 보고 이런 온화함은 죽음이 가까워 오고 있는 전조임을 알았다. 안드레이는 마리아의 손을 잡고 키스했다.

"어떻게 지냈어, 마리아? 어떻게 여기까지 왔어?" 안드레이가 나직하고 거의 들리지 않는 목소리로 말했다. "니콜라이도 데려왔니?"

그의 말과 어투로 보아 그는 이미 세상을 떠날 준비를 하고 있음이 분명했다.

P. 157 "마리아, 니콜라이 백작을 만났다고? 니콜라이가 널 아주 좋아한다고 편지를 보냈더구나. 너도 그 사람이 마음에 있으면 결혼하면 좋을 텐데."

아들 니콜라이를 데려오자 안드레이는 키스를 하고는 할 말을 잊은 듯했다. 니콜라이가 나가자 마리아는 울기 시작했다. 안드레이는 아들이 아버지 없이 혼자 남게 된다는 생각 때문에 마리아가 울고 있음을 알았다. 안드레이는 자신이 죽을 것을 알았을뿐더러 이미 반은 죽었다고 생각했다. 그는 조바심을 내거나 흥분하지 않고 다가오는 죽음을 기다렸다. 그는 한때 죽음이 모든 것의 끝이라는 생각에 두려운 적이 있었다. 하지만 지금은 왜 죽음을 두려워했는지 이해할 수 없었다.

임종을 앞둔 안드레이의 하루하루와 매시간은 여느때처럼 단조롭게 흘러갔다. 그는 고해 성사와 영성체 성사를 받았고 모두 그에게 작별 인사를 하러 왔다. 그의 몸이 마지막 경련으로 떨릴 때 마리아와 나타샤만이 곁을 지켰다.

P. 158 "끝난 건가?" 안드레이의 몸이 잠시 움직이지 않자 마리아가 말했다.

나타샤는 숨을 거둔 안드레이의 눈을 보고는 재빨리 감겨주었다. '그는 어디로 간 거지? 지금 어디에 있는 거야?' 나타샤는 생각했다.

안드레이의 시신이 탁자 위의 관 속에 눕혀지자 모두가 울음을 터뜨렸다. 백작부인과 소냐는 나타샤가 가엾어서, 안드레이가 세상을 떠나서 울었다.

노백작은 자신도 머지않아 그런 끔찍한 과정을 똑같이 겪어야 한다는 생각에 울었다. 아기 니콜라이는 무슨 일이 일어나는지 알지 못해서 울었다. 나타샤와 마리아도 울었지만 개인적인 슬픔 때문은 아니었다. 그들 앞에 순수하고도 엄숙한 죽음의 신비가 펼쳐졌다는 사실에 울었다.

30장

모스크바 함락 9일 째 되던 날, 페테르스부르크에 이에 대한 공식 보도가 전해졌다.
P. 159 알렉산드르 황제에게 소식을 전한 전령은 러시아 군대의 사기가 충천해 있다고 황제를 안심시켰다.
"폐하, 러시아군은 무엇도 두렵지 않습니다. 전투 준비를 마치고 목숨을 바쳐 황제 폐하께 충성을 다할 각오가 되어 있습니다."
황제는 나라를 구하고 나폴레옹을 패퇴시키기 위해 가능한 모든 조치를 취하겠다고 맹세했다.
모스크바가 함락되기 전 페테르스부르크에서 최대의 뉴스는 베주호바 백작부인의 병환 소식이었다. 며칠 전부터 느닷없이 병이 들어 누구의 문병도 받지 않고 있었다. 모스크바의 소식이 페테르스부르크에 전해진 그날 또다른 끔찍한 소식이 전해졌다. 엘렌 베주호바 백작부인이 급사했다는 것이었다. 공식적 사인은 협심증에 의한 극심한 발작이었다. 그녀의 이혼 요구에도 피에르가 냉담한 태도를 취하자 마음 고생을 했다는 이야기도 들렸다. 그렇게 상심한 와중에 갑작스레 약을 과다 복용하고 고통 속에 죽었다는 것이다.
P. 160 한편 모스크바에서는 프랑스군이 피에르를 간첩 혐의로 감금하고 있었다. 어느 날 모든 포로들이 기둥이 세워진 뜰로 끌려갔다. 기둥 너머의 땅에는 커다란 구덩이가 파져 있었다. 많은 민간인과 군인들이 기둥 주위에 반원을 그리며 서 있었다. 포로들은 명단에 있는 이름순으로 줄세워졌다. 피에르는 줄에서 여섯 번째였다. 갑자기 여러 개의 북이 울리자 피에르는 그의 영혼의 한 귀퉁이가 산산이 찢겨나가는 느낌이었다. 포로들이 기둥에 묶이고, 총에 맞고, 구덩이에 던져지는 모습을 지켜보자 점점 불안과 공포가 엄습

해 왔다. 그는 주위에 있던 러시아인들뿐만 아니라 프랑스군의 얼굴에서도 똑같이 공포에 질린 표정을 읽을 수 있었다. '누가 이런 짓을 하는 거지? 모두들 나처럼 고통 받고 있잖아. 누구의 책임이지? 누구냐 말이야?' 그는 생각했다. 그의 옆에 있던 다섯 번째 포로가 총에 맞자 피에르는 자기가 다음 차례라고 생각했다. 그는 자신과 나머지 다른 포로들이 단지 처형을 목격하기 위해 그곳에 끌려왔음을 몰랐다.

구덩이가 덮이자 피에르와 다른 포로들은 다시 교도소로 이송되었다.

P. 161 피에르는 다른 포로들과 격리되어 더러운 창고에 수감되었다. 프랑스군은 피에르에게 일반 범죄에 대한 기소를 면제해 주었다. 이제 그는 러시아 간첩으로 간주되어 전범으로 다뤄진다고 했다. 피에르는 방금 목격한 일 때문에 혼란스럽고 자신이 어떻게 될지 알 수 없었다. 피에르는 죽고 싶어하지 않았던 포로들과, 죽이고 싶어 하지 않았던 병사들을 지켜보았다. 인간 본성과 자신의 영혼, 신에 대한 믿음이 모두 무너졌다. 전에도 이런 일을 겪었지만 지금처럼 심각하지는 않았다. 이제 삶의 의미를 이해하는 것은 자기 권한 밖의 일이라는 생각이 들었다.

땀냄새가 진동하는 키 작은 사내가 피에르 옆에 앉았다.

"못 볼 걸 많이 보셨군요, 나리?" 그 작은 남자가 갑작스레 말했다.

그의 목소리는 매우 다정해서 피에르의 눈에 눈물이 고였다. 그 남자는 상냥한 말투로 계속 이야기했다.

P. 162 "한 시간 동안 고생하고 평생을 살아야 합니다! 그게 세상이죠, 나리. 자, 좀 드십시오, 나리." 그는 피에르에게 구운 감자를 주었다.

피에르는 하루 종일 아무 것도 먹지 못해서 감자 냄새가 너무나 향기로웠다. 그는 그 병사에게 감사를 표하고 감자를 먹기 시작했다. 그렇게 맛있는 음식은 먹어 본 적이 없던 것 같았다.

"제 이름은 플라톤입니다. 성은 카라타예프죠. 슬픈 생각이 드는 것을 인간이 어쩔 수 있나요? 세상은 계획대로 풀리는 것이 아니라 신이 원하는대로 되는 겁니다. 조화롭게 사는 것이 위대한 일입니다." 그 병사는 자세를 더 편히 잡고 기침을 했다. 긴 이야기를 하려는 것이 분명했다. "전쟁이 터졌을 때 전 집에서 지내고 있었죠. 땅이 많아 잘 살았고 집은 신에게 감사할 정도로 컸지요. 우리는 성실한 농부였죠." 플라톤 카라타예프는 숲에 들어가 목재를 훔치다 잡혔던 긴 이야기를 했다. 그는 재판을 받아 태형을 언도받고 징집되었다고 했다. "그런데, 나리." 그가 미소를 지으며 말했다. "불행이라고 생각했지만 축복이었지 뭡니까! 제가 죄를 짓지 않았다면 제 동생이 군대에 왔겠지요.

P. 163 동생에게는 어린 자식이 다섯이지만, 전 아내밖에 없으니까요. 딸아이가 한 명 있었는데 제가 군에 오기 전에 신께서 데려가셨죠. 휴가를 받아 집에 갔더니 예전보다 잘 살고 있었습니다. 그런 겁니다, 나리. 운명이 우리를 굽어 살피죠." 잠시 말을 멈춘 뒤 플라톤이 일어섰다. "자, 졸리신 것 같군요." 그가 말을 마치더니 더러운 짚더미 위에 무릎을 꿇고 기도를 했다. 그는 피에르가 들어보지도 못한 많은 신에게 기도를 하는 것 같았다. 기도를 마치자 그는 다시 짚더미 위에 자리를 잡고 앉았다.

"무슨 기도를 한 겁니까?" 피에르가 물었다.

"음. 제 가족과 말들을 위해서 기도했습니다. 동물들도 어여삐 여겨야죠."

피에르는 오래도록 잠을 이루지 못했다. 산산이 조각났던 세상이 다시 한 번 그의 영혼 속에서 꿈틀거렸다. 이제 새롭고 견고한 기초 위에 세워졌다.

P. 164 피에르는 4주 동안 창고에서 지냈고, 플라톤 카라타예프만이 러시아적이고 따스한 완전함의 화신으로 마음속에 남았다. 그의 얼굴은 주름이 많았지만 순수함과 젊음의 표정을 간직하고 있었다. 그의 목소리는 쾌활하고 아름다웠으며 그의 이야기는 직설적이며 타당했다. 그의 말에 따르면 그의 삶은 분리된 채로는 의미가 없었다. 항상 의식하고 있는 전체의 일부로서만 의미가 있었다. 그의 말과 행동은 마치 꽃에서 향기가 퍼지듯이 고르고 자연스럽게 그에게서 뿜어져 나왔다.

31장

보로디노에서 프랑스군의 손실은 막대하여 모스크바에 입성했을 때는 심각한 병력 손실을 겪는 상태였다. 나폴레옹은 모스크바 관리들이 항복할 것을 기대하고 모스크바로 들어갔다. 하지만 도시가 텅 빈 것을 알고 격노했다. 러시아 군대는 모스크바를 지나 80마일 정도 후퇴했지만 프랑스군은 계속 추격하지 않았다. 4주 동안 나폴레옹의 군대는 모스크바를 약탈했고 그동안 나폴레옹은 러시아군이 항복할 조짐이 있는지 살폈다.

P. 165 러시아군은 타루티노에 조용히 진을 치고 힘을 비축하고 있었다. 그 달 말 나폴레옹은 부관을 보내 쿠투조프에게 서신을 전달했다. 편지 내용은 이러했다. '흥미로운 문제 몇 가지를 의논하려고 전령을 보냅니다. 제가 오래도록 당신을 애틋한 마음으로 존경하고 있었음을 황제께서 믿어주시기 바랍니다. 신의 성스러운 은총이 함께 하길 기원합니다!' 쿠투조프가 답신을 보냈다. '제가 어떤 식으로든 타협에 동의하게 되면 후세에 길이 저주를 받을 것입니다. 지금 러시아 백성의 정서는 그러합니다.'

쿠투조프는 양측 군대의 사기와 병력에 변화가 일어났음을 알았다. 이제 러시아군은 우위를 점하고 있었다. 기상 상태도 좋았다. 러시아군에는 끊임없이 신병들이 들어오고 있었다. 충분한 군량과 오랜 휴식을 누린 덕분에 러시아군의 전력은 최상이었다.

P. 166 하나같이 모스크바 점령에 대해 프랑스군에게 복수를 하고 싶어했다. 더구나 프랑스군이 무기력하고 전열이 흩어져 있다는 보고가 사방에서 날아들고 있었다.

나폴레옹은 유리한 고지를 점한 것처럼 보였다. 그는 모스크바를 손에 넣었다. 휴전협상을 하거나 계속 진격해 페테르스부르크를 차지할 수도 있었다. 모스크바에서 겨울을 날 수도 있었다. 그러나 그는 이 중 어떤 것도 하지 않았다. 10월 중순, 그는 모스크바를 나와 칼루가로 진격해 소병력이라 얕잡아 보았던 러시아군과 교전했다. 그는 다시 휴전을 제의하는 서신을 전령 편으로 쿠투조프에게 보냈다. 쿠투조프는 이전과 같은 내용의 답신을 보냈다. 휴전의 여지는 없다는 것이었다.

쿠투조프는 나폴레옹과 군전체가 모스크바에서 물러난 것을 모르고 있었다. 프랑스군이 칼루가로 이동하고 있다는 소식을 듣자 전투를 벌이기 위해 1만5천명을 보냈다. 진격 도중 러시아 사령관 도흐투로프는 그 군대가 나폴레옹의 대군이라는 이야기를 들었다. 프랑스군은 말로-야로슬라베츠 마을로 방향을 돌려 그곳에 머물렀다. 도흐투로프는 증원 병력을 요청하고 남쪽에서 마을로 들어가 치열한 전투를 벌였다.

P. 167 마을의 주인이 하루에도 다섯 번이나 바뀌었다. 1만명의 러시아 증

원군이 도착했지만 여전히 프랑스군은 항복하지 않았다.

쿠투조프는 다음날 프랑스군과의 전투를 접고 대신 칼루가로 후퇴했다. 전투가 있은 후 나폴레옹의 장군들은 러시아군의 실제 전력에 대해 나폴레옹에게 알렸다. 그들은 겨울도 오고 있어 그렇게 막강한 러시아군을 이길 수 없다고 조언했다. 나폴레옹은 장군들의 말을 따라 가급적 빨리 러시아에서 떠나기로 했다. 프랑스군은 모스크바로 진격할 때 지났던 똑같은 길을 따라 스몰렌스크 쪽으로 퇴각하기 시작했다. 그 길이 지날 수 있는 유일한 길이었으나 나폴레옹은 그 길을 피하려 했다. 그 쪽 지역은 황폐화되었고 농부들은 적대적이었다. 프랑스군이 스몰렌스크로 퇴각하자 러시아군은 계속 그들을 공격했다. 프랑스군은 끊임없이 전력을 소실하면서도 계속 스몰렌스크로 나아갔다.
P. 168 나폴레옹은 말로-야로슬라베츠에서 승리를 선언했지만 그것은 러시아의 전략적 승리였다.

32장

피에르는 낡은 창고에서 다른 포로들과 함께 한 달을 보냈다. 그는 이제 군복 바지에 더럽고 찢어진 셔츠, 농부의 외투와 모자를 쓰고 있었다. 포로로 잡혀 있는 동안 육체적으로도 아주 많이 변해 있었다. 골격은 여전히 탄탄했지만 더 이상 튼튼하지 않았다. 얼굴 아래쪽은 턱수염과 콧수염이 뒤덮였고 머리카락은 길어서 곱슬곱슬했다. 이제 눈빛은 결의에 차서 침착하며 빈틈이 없었다. 이전의 나태함은 행동하려고 준비된 열정으로 바뀌었다. 그는 맨발인 채로 10월의 햇살 속으로 걸음을 내딛었다.

피에르는 감옥에 있는 동안 가벼운 마음으로 보냈을 뿐 아니라 즐겁게 보냈다. 그리고 이전에는 도달할 수 없었던 마음의 평화도 얻었다.
P. 169 마음의 평화를 프리메이슨 주의, 술, 자기 희생을 통한 영웅적 공훈, 나타샤를 향한 낭만적인 사랑에서 찾으려 했다. 이성적 사고에서도 찾았으나 번번히 실패했다. 이제는 죽음에 대한 공포, 특권의 상실, 카라타예프의 지혜로부터 내적 평화를 찾았다. 나폴레옹을 죽이겠다는 그의 계획은 이제 어리석게 느껴졌다. 그는 종종 안드레이와 나누었던 대화를 떠올렸다. 안드레이

는 행복이 부정적일 수밖에 없다고 이야기했다. 피에르는 안드레이의 말을 사람들이 행복을 구하려 하다가는 결코 욕망이 충족되지 않기 때문에 고통받는다는 뜻으로 이해했었다. 그러나 이제 그 말을 다르게 해석했다. 고통, 욕구 충족, 삶의 방식에 대한 자기 선택권이 없으면 행복이 온다. 그는 지금은 그런 것들에서 벗어났으므로 완전한 행복에 이른 것 같았다.

다음날 아침 7시, 머스켓총과 커다란 배낭을 실은 프랑스군 호송부대가 집결했다.

P. 170 수용소 창고에서는 모두가 옷을 입고 출발 명령이 떨어지기를 기다렸다. 그러나 저녁 무렵이 되어서야 짐수레, 포로, 호위병들이 모스크바를 빠져나갔다. 칼루가 도로에 도착했을 때 그들은 쉬지 않고 빠른 속도로 행군했고 해가 지기 직전에야 멈췄다. 장교에서 하급 병사에 이르기까지 프랑스군은 포로들을 가혹하게 다뤘다. 피에르는 프랑스군이 길에서 너무 멀리 떨어져 걷는다고 러시아군을 후려치는 모습을 보았다. 한 장교가 병사에게 뒤로 처지는 포로는 사살하라고 말하는 것도 들었다.

33장

프랑스군이 떼를 지어 퇴각할 때 러시아군은 작은 부대 단위로 나뉘었다. 이런 수백 개의 러시아군 부대가 스몰렌스크로 달아나는 프랑스군을 뒤쫓았다. 조직화된 러시아 농민군 부대는 낙오병이나 식량을 구하러 다니는 부대를 공격했다. 이런 게릴라 전사들이 수천 명의 프랑스군을 몰살시켰고 러시아 정규군도 마찬가지였다.

P. 171 데니소프는 이런 게릴라 전술을 전문으로 구사하는 작은 부대를 이끌었다. 친구인 돌로호프도 근처에서 대기하고 있는 작은 게릴라 부대를 지휘했다. 10월 22일 데니소프는 프랑스군 수송 마차와 러시아 포로들이 스몰렌스크로 이동하는 것을 보았다. 프랑스군 본대 뒤에 낙오된 수송대는 완벽한 목표물이었다. 데니소프와 돌로호프는 다음날 병력을 합쳐 공격하기로 했다. 수송대의 병사는 1천5백명, 자신들은 4백명 정도로 추정됐다. 그들은 공격 지시나 증원군의 도착을 기다릴 생각이 없었다. 경험상 기습 공격은 적의

수가 훨씬 많아도 자신들에게 유리함을 알고 있었다.

그날 오후 아주 젊은 러시아군 장교가 데니소프에게 달려와 봉투를 하나 건넸다. 그 장교는 페트야 로스토프로 현재 군에서 연락병으로 복무하고 있었다.

P. 172 데니소프는 그를 알아보고 다정하게 인사했다. 페트야가 가져온 전갈은 큰 게릴라 부대를 지휘하는 장군에게서 온 것이었다. 장군도 프랑스군 수송대를 쫓고 있었으며 데니소프에게 기다렸다 자기 병력에 가세할 것을 요구했다. 데니소프는 그럴 생각이 없었다.

"장군께 답신을 보내시겠습니까? 아니면 제가 여기에 남을까요?" 페트야가 데니소프에게 물었다.

"답신이라고?" 데니소프가 생각에 잠겨 말을 되풀이했다. "내일까지는 안 돼. 그때까지 기다릴 수 있겠나?"

"오, 제발… 여기에 남아도 됩니까?" 페트야가 소리질렀다.

"장군이 뭐라시던가? 즉시 돌아오라고 하시던가?"

"아무런 지시도 없으셨습니다. 남아도 될 것으로 생각됩니다." 페트야가 얼굴을 붉히며 말했다.

"음, 좋다."

페트야는 군대에서 목격하고 경험한 일들로 기쁨에 들떠 흥분해 있었다. 하지만 자기가 없는 곳에서만 참된 영웅적 과업들이 이루어지고 있는 듯한 기분이었다. 그래서 페트야는 자신이 데니소프에게 전갈을 보내는 임무를 맡게 해달라고 애걸복걸했고 장군은 거절할 수 없었다.

P. 173 그러나 장군은 자신이 총에 맞아도 죽지 않는 불사신이라고 생각하는 이 젊은 연락병이 걱정되었다. 비야즈마 전투에서 페트야는 명령에 불복종하고 프랑스군의 총탄이 쏟아지는 전방으로 달려나간 적이 있었다. 거기서 권총 두 발을 쏘고도 운좋게 부상은 면했다. 그리하여 장군은 페트야가 데니소프의 부대에서 작전에 참가하는 것을 금했다. 그래서 데니소프가 페트야에게 남겠는지 물었을 때 얼굴을 붉힌 것이다.

다음날 아침 일찍 페트야는 데니소프와 함께 말을 타고 프랑스군이 진을 치고 있는 계곡으로 갔다. 데니소프가 공격 명령을 내리자 총성이 한 발 울렸다. 말들이 앞으로 달려 나갈 때 페트야는 사방에서 터져나오는 고함소리를 들었다. 그는 말에 채찍을 휘두르며 앞으로 달려갔다. 돌로호프가 "돌아와! 보병이 올 때까지 기다려!" 하고 소리치는 것도 무시했다. "기다리라고요? 만세!" 하고 외치며 그는 돌로호프와 그의 부대보다 앞서 전투가 한창인 곳으로 돌격했다. 일부 프랑스군은 총을 내려놓고 수풀에서 나와 러시아군에게 달려들었다.

P. 174 일부 병사들은 도망쳤다. 돌로호프는 페트야가 갑자기 말고삐를 놓고 두 팔을 흔들며 말안장의 한쪽으로 미끄러져 넘어지는 것을 보았다. 페트야는 물기가 축축한 땅에 둔탁한 소리를 내며 떨어졌다. 팔과 다리가 경련을 일으키다가 움직이지 않았.

P. 175 총알이 머리를 관통한 것이다.

돌로호프는 프랑스군 선임 장교가 하얀 손수건을 칼에 묶어 흔드는 것을 보았다. 그는 돌로호프에게 다가와 항복을 선언했다. 돌로호프는 말에서 내려 팔을 뻗은 채 꼼짝 않고 누워있는 페트야에게로 갔다.

"죽었군!" 그는 인상을 찌푸리며 말하고 그를 향해 말을 타고 오는 데니소프에게 갔다.

"죽었나?" 페트야 쪽으로 고개를 기울이며 데니소프가 소리쳤다.

"죽었어!" 돌로호프가 다시 말하고 포로가 된 프랑스군들이 모인 곳으로 걸어갔다.

데니소프는 피와 진흙이 범벅이 된 얼굴을 내려다보았다. 병사들은 데니소프가 고함을 지르는 소리에 놀라 돌아보았다.

데니소프와 돌로호프가 구출해낸 러시아 포로 중에는 피에르 베주호프도 있었다. 그는 고함소리와 요란하고 다급하게 나는 총소리 때문에 동트기도 전에 잠을 깼다.

P. 176 프랑스 병사들이 그의 옆을 지나 뛰어갔고 잠시 후에는 러시아군들이 그를 에워쌌다. 동료들은 러시아군에 둘러싸이자 기쁨에 겨워 울었다. 피에르는 무리들 사이에 앉아 울먹이며 한 마디 말도 할 수 없었다. 그는 자기에게 다가온 첫 번째 병사를 껴안고 키스했다. 모스크바에서 출발한 330명의 포로들 중 남은 사람은 100명이 채 안 되었다. 뒤에 처진 포로들은 총에 맞았다. 카라타예프도 그 전날 그렇게 최후를 맞았다.

34장

서리가 내리기 시작한 10월 28일 이후 프랑스군의 퇴각은 처참해져 갔다. 병사들은 얼어죽거나 모닥불 옆에서 타죽었다. 모스크바에서 비야즈마까지 오던 중 7만3천명이었던 프랑스군은 3만6천명으로 줄었다. 전투에서 죽은 병사는 5천명이 채 안 되었다. 추위와 굶주림으로 죽어가거나 탈영했다.

P. 177 모스크바에서 비야즈마까지, 비야즈마에서 스몰렌스크까지, 스몰렌스크에서 베레지나 강까지, 베레지나 강에서 빌나까지, 매일 점점 더 많은 병사들이 죽어갔다. 비틀대며 스몰렌스크에 입성한 프랑스군은 난동을 부렸다. 그들은 강도짓을 하고, 식량 때문에 서로 살인하고, 더 이상 약탈할 것이 없자 도망쳐 버렸다. 나폴레옹은 부관들에 대한 지휘권을 상실했고, 부관들 역시 병사들에 대한 지휘권을 잃었다.

스몰렌스크를 지나면서 프랑스군은 도주하며 사방으로 뿔뿔이 흩어졌다. 그리고 사흘 동안 흩어진 프랑스군 부대들은 러시아군의 혹독한 공격을 받았다. 그들은 다른 부대를 버렸고, 무거운 짐과 대포, 병력의 반을 버렸다. 오르샤에서부터는 빌나 쪽으로 더 멀리 달아났다. 베레지나 강에서는 다시 전열이 흩어져서 많은 병사들이 익사하거나 투항했다. 강을 건넌 병사들은 계속 달아났다.

P. 178 나폴레옹도 그 속에 끼어 있었다. 그는 털옷으로 몸을 감싼 채 동료를 버리고 혼자 썰매를 타고 달렸다. 그렇게 할 수 있는 병사들도 나폴레옹처럼 달아났다. 그렇게 할 수 없는 이들은 항복하거나 죽어가도록 방치되었다. 1812년 12월 14일 마침내 나폴레옹 대군의 잔류 병력이 러시아 영토에서 쫓겨나갔다.

35장

피에르는 석방된 뒤 병에 걸려 석달 동안 몸져 누웠다. 구출되던 날 그는 페트야 로스토프의 시신을 보았다. 같은 날 안드레이가 야로슬라블에 있는 로스토프가의 집에서 최근에 죽었다는 소식도 들었다. 그 소식을 전해 준 데니소프는 피에르가 오래 전에 들었을 것이라 생각하며 엘렌의 죽음에 대해서도 말했다. 이 모든 소식들이 피에르에게는 이상하게 들릴뿐이었다. 사람들이 서로를 죽이는 곳에서 가능하면 빨리 벗어나고 싶은 생각뿐이었다. 그는 평화로운 안식처로 가서 몸을 회복하며 쉬고 싶었다.

P. 179 점차적으로 피에르는 따뜻한 잠자리를 앗아갈 사람은 없다는 사실에 익숙해져 갔다. 그리고 예전의 버릇대로 스스로에게 이런 질문을 던졌다. '자, 이제 무엇을 하지?' 그는 즉시 혼자 답을 했다. '그래, 살아야지. 아, 얼마나 멋진가!' 인생의 의미에 대한 탐색으로 다시는 괴롭지 않을 것이며 이런 생각에 완전한 자유와 행복을 느꼈다. 그는 멀리서 무엇인가를 찾으려고 애쓰다가 바로 발밑에서 그것을 발견한 사람처럼 느껴졌다. 그는 일생 동안 주위 사람들의 머리 너머를 바라보았다. 사실은 바로 앞을 봤어야 했는데 말이다.

1월말 피에르는 모스크바의 집으로 가서 불에 타지 않은 별채에 머물렀다. 이틀 후 그는 페테르스부르크로 떠날 생각이었다. 모두가 승리를 축하했고, 비록 폐허가 되었지만 재기를 노리는 도시에서는 모든 것이 생기로 넘쳤다. 도착하고 사흘째 되던 날, 피에르는 마리아가 모스크바에 있다는 소식을 접했다. 그날 저녁 그는 마리아를 만나러 갔다.

P. 180 마리아의 집으로 가는 동안 피에르는 계속해서 안드레이와 그들 사이의 우정, 수차례의 만남 특히 보로디노에서의 마지막 만남을 떠올렸다. '안드레이가 그때처럼 원망에 빠진 상태로 죽었을까? 죽기 전에 삶의 의미를 찾지 못했을까?' 하고 피에르는 생각했다.

피에르는 심각한 기분으로 노공작의 집으로 갔다. 공작의 집은 약간 손상된 흔적이 있었으나 전체적인 외관은 변함이 없었다. 그는 촛불이 한 개 켜진 방으로 안내되었고 마리아가 상복을 입은 여자와 앉아 있었다. 피에르는 공작의 딸이 언제나 친구와 함께였다는 사실을 기억해 냈다. '친구인가 보군.' 그는 검은 옷을 입은 여자를 보며 생각했다. 마리아가 황급히 일어나 피에르를 맞으며 손을 내밀었다.

"네." 피에르가 손에 키스를 하자 마리아는 그의 변한 얼굴을 보며 말했다. "이렇게 다시 만나는군요. 오빠는 마지막 순간에도 당신 얘기를 했어요." 마리아는 계속 말을 이었다. "무사하다는 소식을 듣고 기뻤어요. 그런 반가운 소식은 정말 오랫만이었거든요."

"전 그에 대해 아는 게 없어요! 아는 거라고는 전부 다른 사람에게 들은 이야기입니다. 마지막 순간에 로스토프 집안 사람들과 함께였다는 것만 알고 있습니다.

P. 181 이상한 우연도 다 있군요!"

그러나 그가 로스토프 가문 이야기를 하자 마리아의 얼굴은 당황한 기색이 역력했다. "정말 이 분을 못 알아보시겠어요?"

피에르는 그 여자를 다시 바라보았다. 창백하고 가냘픈 얼굴에 눈동자는 검고, 입은 컸다. 그녀는 오래도록 잊고 있던 다정한 모습을 하고 상냥한 눈으로 그를 바라보고 있었다. '아냐, 그럴 리가 없어! 이렇게 나이들어 보이고 여위고, 핏기없는 얼굴을 한 사람이 말이야! 그녀일 리가 없어.' 그는 생각했다.

하지만 그 순간 마리아가 말했다. "나타샤예요! 저와 함께 지내러 왔어요."

오랫동안 잊고 지냈던 행복감이 밀려와 그를 완전히 휩감았다. 그녀가 미소짓자 의심은 사라져버렸다. 그녀는 나타샤였고 그는 그녀를 사랑하고 있었다. 그는 극심한 고뇌에 차 있었지만 기쁨에 겨워 얼굴을 붉혔다. 그러나 숨기려하면 할수록 나타샤를 향한 사랑은 확연히 드러났다.

피에르는 서둘러 나타샤에게서 눈을 떼고 마리아에게 안드레이의 임종 전 일에 대해 물었다.

P. 182 그는 저녁식사 때까지 머물며 자신의 무용담을 들려주었다. 그는 자신이 겪은 모든 일에서 새로운 의미를 찾았다. 그것을 모르는 나타샤는 이야기를 귀담아 듣고 있었다. 그녀는 피에르의 말 한마디, 표정, 얼굴 근육의 움직임, 몸짓 하나까지 놓치지 않았다. 마리아는 그를 보고, 말을 들으며 무엇인가로 인해 행복해지는 것을 알았다. 그것은 나타샤와 피에르 사이에 사랑과 행복이 싹틀 수 있다는 가능성이었다.

그날 밤 피에르는 오래도록 잠들지 못했다. 그는 방을 이리저리 왔다갔다하며 안드레이, 나타샤, 그리고 그들의 사랑에 대해 생각했다. '음, 어떻게 해야 하지? 분명 그렇게 되어야 하는데.' 그는 이렇게 생각하고 행복에 겨워 들뜬 기분으로 침대에 누웠고 망설임과 주저함은 없었다. '그런 행복이 낯설고 불가능해 보이기는 하지만 어떤 방법을 써서든 나타샤를 아내로 만들겠어.'

피에르가 처음 방문한 다음날 나타샤는 마리아에게 이렇게 말했었다. "피에르는 방금 목욕을 하고 나온 사람 같아요. 깨끗하고 완벽해 보여요." 바로 그때 나타샤의 영혼에서 무엇인가가 깨어났다. 그녀의 얼굴, 걸음걸이, 표정, 목소리가 갑자기 바뀌었다. 그날 저녁 이후 그녀는 자신에게 일어난 모든 일을 잊은 듯했다.

P. 183 그녀는 더 이상 슬프지 않으며 밝고 쾌활해졌다는 사실을 감추려 하지 않았다.

다음날 피에르는 일찍 와서 식사를 하고 저녁 내내 머물러 있었다. 나타샤가 밤 인사를 하고 자기 방으로 가자 피에르는 마리아에게 자기 감정을 털어놓았다.

"마리아, 도와주세요! 제가 나타샤의 상대가 되지 않는 건 압니다. 지금 꺼낼 말이 아니라는 것도 압니다. 언제부터 사랑하기 시작했는지는 모르겠지만 그녀를 사랑해 왔고 평생 그녀만을 사랑해 왔습니다. 그녀가 없는 삶은 상상도 할 수 없을 정도로 너무나 사랑합니다. 지금은 청혼할 수 없지만 말해 주세요. 희망을 가져도 될까요?"

"저한테 맡겨주세요. 저는 나타샤가 당신을 사랑한다는 걸… 사랑할 거라는 걸 알아요. 그녀의 부모님께 편지를 써서 저에게 주세요. 때가 되면 나타샤에게 말하겠어요. 사랑이 이루어지기를 바라고 제 마음 속에서 그렇게 될 거라 말하는군요."

"아니, 그럴 리가 없어요! 정말 행복합니다! 설마 그럴 리가요!" 피에르는 마리아의 손에 키스를 하며 계속 이렇게 말했다.

P. 184 "페테르스부르크로 가세요. 그게 최선이에요. 그러면 제가 편지를 보내겠어요."

마리아는 피에르와 이야기를 나눈 뒤 자기 방으로 돌아가서 나타샤와 만났다.

"피에르가 말했나요? 그래요? 문가에서 엿듣고 싶었지만 당신이 나에게 말해줄 거라 생각했어요." 나타샤가 말했다.

마리아는 나타샤에게 피에르가 한 말을 전부 해주었다. 피에르가 페테르스부르크로 갈 것이라는 이야기를 듣자 나타샤는 깜짝 놀랐다.

"페테르스부르크로 간다고요! 마리아, 내가 어떻게 해야 할지 말해 주세요!

무슨 말을 하든 그대로 할게요."

"그를 사랑하나요?"

"그럼요." 나타샤가 눈물을 글썽이며 낮은 소리로 말했다.

P. 185 "그럼 왜 우는 거죠? 난 당신 일 때문에 기뻐하고 있는데요."

"아직은 아니에요. 내가 그의 아내가 되고 당신은 니콜라이와 결혼하면 얼마나 좋을지 생각해 봐요!"

"나타샤, 그 얘긴 하지 말라고 내가 부탁했었죠. 당신 얘기를 하자고요."

두 사람은 잠시 조용해졌다.

"그렇지만 왜 페테르스부르크로 가죠?" 나타샤가 갑작스레 물은 다음 곧장 스스로에게 대답했다. "하지만 아냐, 아냐. 그는 그래야겠죠… 그래요, 마리아. 그는…"

에필로그

P. 186 1813년 이른 봄 나타샤와 피에르는 결혼했다. 로스토프 노공작이 마지막으로 참석한 행복한 행사였다. 그해 로스토프는 별세했다. 전쟁, 안드레이의 죽음, 나타샤의 절망, 페트야의 죽음, 백작부인의 슬픔 등으로 공작의 건강은 악화되었다. 말년의 몇 달 동안 공작은 우울증에 빠져 회복하지 못했다.

아버지의 사망 소식이 전해졌을 때 니콜라이는 러시아군과 파리에 있었다. 그는 즉시 제대해 모스크바로 돌아갔다. 백작의 재정 상태는 그가 죽고 한 달 뒤에 명명백백해졌다. 빚이 재산의 두 배라는 사실에 모두들 놀랐다. 친구들과 친척들이 니콜라이에게 상속을 포기하라고 충고했지만 그는 아버지의 추억을 너무 소중히 여겼기 때문에 그러지 못했다. 그는 상속을 받고 빚을 전부 청산할 의무도 받아들였다. 영지를 처분하고도 빚의 절반이 남았다. 니콜라이는 피에르에게 3만루블을 빌려 급한 빚부터 갚았다.

P. 187 남은 빚 때문에 투옥되는 일을 피하려고 그는 정부 공무원으로 취직했다.

월급에서 일정 부분을 저축한다는 것은 꿈도 꾸지 못했다. 이런 상황을 벗어날 방도가 없었다. 그는 아무 것도 바라지도, 희망하지도 않았다. 로스토바 백작부인은 부잣인 아내를 맞으라고 성화였지만 그는 그런 생각은 추호도 없었다. 결혼은 인생과 사랑을 위해서 하는 것이다. 그 이외의 것은 생각할 수도 없었다.

겨울이 시작될 즈음 마리아는 모스크바로 와서 니콜라이와 그의 가족을 만났다. '나는 그에게 다른 건 아무 것도 바라지 않았어.' 마리아는 그에 대한 사랑으로 기뻐하며 생각했다. 그러나 니콜라이는 그녀를 보고 기뻐하는 대신 얼굴에 차갑고 오만한 표정을 지으며 인사했다. 그는 그녀의 건강에 대해 묻고 어머니에게 데려가서 둘만 있도록 내버려두었다. 마리아가 방문한 이후 백작부인은 니콜라이에게 마리아를 찾아가라고 성화였으나 그는 오래도록 그렇게 하지 않았다.

P. 188 마침내 마리아를 만나러 간 그의 태도는 경직되고 냉담했다. 마리아는 그가 자기와 마리아는 사회적으로 동등한 위치에 있지 않다고 여겨 지금 이렇게 거리를 두는 것이라 생각했다. '그게 이유야! 그것 때문이야! 그는 이제 가난하고 난 부자야. 그 이유뿐이야. 그게 아니라면 이렇게 냉정하게 굴리가 없어.' 그녀는 생각했다. 그녀는 두 사람이 나누었던 우정이 그리우며, 왜 계속 친구로 지낼 수 없는지 물었다. 그는 모든 것이 변했고, 이제는 불가능한 일들이 있기 때문이라고 했다.

"이해할 수 없군요. 어떤 이유로 옛 우정을 지워버리려는 것 같네요. 그래서 가슴이 아파요."

그녀의 눈에서는 눈물이 흐르고 목이 메었다. 그녀는 갑자기 울음을 터뜨리며 방에서 나가려는 듯 몸을 돌렸다.

"마리아, 제발! 마리아!" 니콜라이가 소리쳤다.

그녀가 돌아섰다. 둘이 말없이 서로의 눈을 바라보자 불가능해 보였던 것이 가능해지고 불가피한 일이 되어버렸다.

1813년 겨울, 니콜라이는 마리아와 결혼했고 마리아, 그의 어머니, 소냐와 함께 볼드 힐즈로 이사했다. 그는 아내의 재산에 손대지 않고도 4년 만에 남은 빚을 전부 갚았다.

P. 189 피에르에게 빌린 돈도 갚았다. 노공작이 살아있을 때만큼 웅장한 규모는 아니었지만 볼드 힐즈 저택은 재건되었다. 집은 넓고, 농노들이 지낼 방

과 손님방도 있었다. 로스토프가와 볼콘스키가의 일가 친척들이 많은 하인들을 거느리고 볼드 힐즈로 와서 몇 달간 머무르기도 했다. 1820년까지 니콜라이는 볼드 힐즈와 인접한 작은 부지를 샀고, 오트라드노예를 다시 사기 위해 협상을 벌였다. 그는 농부들에게 각별한 애정을 쏟는 성공한 농부가 되었다. 가끔 다투기는 해도 그와 마리아는 행복한 결혼 생활을 했다.

1820년까지 나타샤와 피에르는 딸 셋과 아들 하나를 낳았다. 건장하고 억척스런 엄마가 된 나타샤는 예전의 날씬하고 생기 넘치던 모습이 아니었다. 외모에 거의 관심을 기울이지 않았다. 사교 모임에 자주 나가지 않았으며 그녀를 만난 사람들은 그녀가 매력적이지도 않고 붙임성도 없다고 생각했다.

P. 190 나타샤는 다른 사람이 어떻게 생각하는지는 개의치 않았다. 그녀는 마리아, 오빠, 어머니, 소냐와 함께 있는 시간을 소중히 여겼다.

사람들은 대체로 피에르가 나타샤에게 쥐여산다고 생각했고 실상이 그랬다. 결혼 생활을 시작하고부터 나타샤는 피에르의 모든 삶이 자신과 가족에게 종속된다고 선언했다. 피에르는 다른 여자들에게 치근대거나, 충동적으로 돈을 쓰지 않았다. 이에 대한 보상으로 집안에서의 결정권은 모두 그에게 있었다. 그가 바라는 바를 이야기만 하면 나타샤가 적극적으로 나서 해결해 주었다.

P. 191 결혼생활 7년이 흐른 뒤 피에르는 자신이 나쁜 사람이 아니라는 강한 확신이 들면서 행복해졌다. 그의 내면에 있는 선과 악은 뒤섞였다. 선한 면은 아내에게 영향을 주었고, 좋지 않은 면은 나타샤가 하나도 받아들이지 않았다.

한번은 나타샤가 피에르에게 플라톤 카라타예프가 그를 인정했을 것 같은지 물었다. 피에르는 카라타예프가 자신을 어떻게 생각했을지 상상해 보았다. "아니, 나를 인정하지 않았을 거야." 피에르가 한참 생각해 본 뒤 말했다. "그가 인정하는 건 우리 가족의 삶이겠지. 그는 언제나 매사에 행복과 평온을 찾으려 애썼어. 내가 그를 만나지 않았다면 그런 것에 감사하는 법을 몰랐을 거야. 그가 살아있다면 우리가 사는 모습을 자랑스럽게 보여주고 싶었을 거야."

명작에서 찾은 생활영어

WAR AND PEACE
LEO NIKOLAEVICH TOLSTOY

어떤 이들은 카드 놀이에 빠지고, 어떤 이들은 여자에, 술에 빠진다.
Some lost themselves in cards, some in women and some in wine.

자신의 도덕적 완성과 인류의 발전을 열망하는 피에르. 그러나 이상과 현실 사이에서 갈등하다 결국에는 사교 모임을 쫓아다니고, 과음을 하는 등 현실을 도피하게 되죠. 위 문장은 이처럼 현실을 도피하는 사람들의 유형을 열거한 것인데요, 여기서 눈여겨 볼 표현이 …에 몰두하다, 깊이 빠지다라는 뜻의 lose oneself in입니다. 비슷한 표현으로는 be into, be taken up with, immerse oneself in 등이 있는데요, 이 표현들을 예문으로 확인해 볼까요?

Rose lost herself in collecting Barbie dolls and their clothes. 로즈는 바비 인형과 인형 옷을 사모으는 데 푹 빠져 있었다.

Sandra is into rock stars and goes to every concert.
산드라는 록스타에 빠져서 콘서트마다 쫓아다닌다.

At that time I was taken up with parties and dances.
그 당시 나는 파티와 춤에 빠져 있었다.

He immersed himself in pleasures, drank too much, and stayed out all night.
그는 유흥에 빠져서, 과음을 하고, 외박을 했다.

이제 '…에 몰두하다, 빠지다' 라는 표현을 이용하여 자신있게 말해 볼 수 있겠죠? 그럼, 아래 dialog로 다시 한번 연습해 보세요.

A : Julie is so into Henry Rogers.

B : Now it's Henry Rogers? She lost herself in Darren Wade the other day.

A : You know her. She's easily falling in love with the stars.

B : Right. Maybe tomorrow we'll hear that she likes someone else.

A : 줄리는 헨리 로저스한테 너무 빠져 있어.
B : 이제 헨리 로저스야? 요전에는 대런 웨이드한테 푹 빠져 있더니.
A : 너도 줄리를 알잖아. 연예인한테 쉽게 빠지는 거 말이야.
B : 맞아. 아마 내일이면 또다른 사람을 좋아한다고 말하겠지.

그는 또다시 미혼인 친구들과 어울리기 시작했다.

He began once more to associate with his bachelor friends.

안드레이와 나타샤의 약혼으로 피에르는 삶의 회의를 느끼고 미혼인 친구들과 다시 어울리며 술에 빠져들게 되는데요. 결혼한 몸이면서도 자신도 모르게 나타샤에게로 향하는 애정과 관심 때문이 아니었을까요? 이 문장에서 associate with는 …와 어울리다, 관계를 유지하다라는 뜻이랍니다. 「전쟁과 평화」에서는 …와 밀접한 관계가 되다라는 뜻의 be involved with라는 표현도 볼 수 있었는데요. 그럼, …와 연을 끊다, 관계를 단절하다는 어떻게 표현할까요? break off with, be(have) done with를 쓰면 된답니다.

Barry closely associates with former president Gerald. 베리는 전 대통령 제럴드와 긴밀한 관계를 유지하고 있다.

The letter told him that his wife was involved with Ron. 편지에는 그의 부인이 론과 밀접한 관계를 맺고 있다고 쓰여 있었다.

Frank warned his son to break off with the troublemakers at school.
프랭크는 아들에게 학교에서 말썽쟁이들과는 어울리지 말라고 경고했다.

The report says the famous singer, Martin, is done with his fiancée, Petra.
보도에 따르면 유명 가수인 마틴이 약혼녀인 페트라와 헤어졌다고 한다.

이제 누구와 관계를 맺고, 끊는다는 표현에 조금은 감이 오시나요? 그럼, 배운 표현을 활용하여 자신감 있게 대화를 이끌어 보세요. 아래 dialog처럼 말이에요.

- *A* : Rick has so many secrets. I don't understand who he really is.
- *B* : Yeah. Sometimes I think he's involved with the secret service.
- *A* : He's not intelligent enough to be a secret agent.
- *B* : What about having some beer with him and letting him confess everything?
- *A* : That's good. A drunken man tells all!

A : 릭은 비밀이 너무 많아. 그가 진짜 어떤 사람인지 모르겠어.
B : 그래, 나도 때론 그가 첩보 기관과 관련되어 있지 않나 싶다니까.
A : 그가 첩보원이 될 정도로 똘똘한 사람은 아니잖아.
B : 그와 맥주를 같이 마시며 전부 털어놓게 하면 어떨까?
A : 좋은 생각이야. 술 취하면 전부 말하게 되잖아!

그는 상인들에게뿐만 아니라 동료들에게도 빚을 졌다.
He was in debt to his comrades as well as the sellers.

부대가 올무츠에 주둔하고 있는 동안 말을 새로 사고, 진급축하 연회도 벌이고, 부대를 돌아다니는 행상들에게 물건을 사들이느라 빚더미에 올라앉은 니콜라이를 묘사한 문장입니다. 여기서 눈여겨 볼 표현이 **be in debt**인데요, 빚지고 있다는 뜻이죠. 빚을 잔뜩 지고 있다고 할 때는 be so deep(seriously) in debt, 빚이 늘어나다는 run up debts라는 표현을 사용하는데요, 그럼 빚을 갚다는 어떻게 표현할까요? pay off the(one's) debts, settle the (one's) debts라고 하면 된답니다. 「전쟁과 평화」에서 나왔던 debt와 관련된 표현들, 다시 한번 정리해 볼까요?

He had been running up debts, and his creditors had demanded payment.
그는 빚이 늘어나고 있었고 빚쟁이들은 빚 독촉을 했다.

Some years earlier his father had paid off his gambling debts for him.
몇 해 전에 아버지께서 그의 노름 빚을 갚아 주셨다.

Nikolay borrowed thirty thousand rubles from Pierre to settle the most urgent debts.
니콜라이는 피에르에게 삼만 루블을 빌려 시급한 빚부터 갚았다.

'빚을 지다', 또는 '빚을 갚다' 라고 말할 때 사용할 수 있는 여러 표현들, 아래의 dialog로 다시 한번 연습해 볼까요?

A : I'm seriously in debt now. What do I do?

B : What's going on? Is your business not going well?

A : My business partner ran away with most of the customers' money.

B : Then you have to settle all the debts instead of him. I'm so sorry to hear that.

A : What's worse, my family doesn't know anything about this.

A : 난 지금 엄청나게 빚을 많이 졌어. 어쩌지?
B : 무슨 일인데? 사업이 잘 안 되니?
A : 동업자가 고객의 돈을 거의 다 가지고 도망쳐 버렸어.
B : 그럼 네가 대신 빚을 전부 갚아야 하는구나. 듣고 보니 정말 안됐네.
A : 설상가상으로 가족들은 이런 상황을 전혀 모르고 있어.

결국 바실리 공작이 직접 나섰다.

In the end Prince Vassily took matters into his own hands.

피에르가 막대한 유산을 상속받게 되자 바실리 공작은 그를 사위로 삼기로 마음먹고 자기 집에 머물게 하면서 딸 엘렌과 만남의 자리를 마련해요. 피에르도 엘렌에게 끌리지만 마음뿐, 행동으로 옮기지는 못하자 보다 못한 바실리 공작이 몸소 나서서 둘의 결혼을 성사시키죠. 여기서 직접(독자적으로) 일을 처리하다는 의미의 take matters into one's own hands라는 표현이 쓰였는데요, 이때 hands에는 단순한 손을 뛰어넘어 소유나 권한의 의미가 강하게 배어 있어요. 그래서 수중, 지배, 관리, 영향력 등으로 해석해 주면 좋답니다.

The necklace changed hands ten times over the past two years.
그 목걸이는 이 년의 시간이 흐르는 동안 주인이 열 번이나 바뀌었다.

Korea's future in soccer is in good hands with its team's high-spirited young players. 한국 축구의 미래는
축구 팀의 혈기 넘치는 젊은 선수들에게 안심하고 맡길 수 있다.

It is terrifying that the national treasure could fall into the hands of the criminals.
국보가 범죄자들의 수중으로 들어갈 수도 있다니 끔찍한 일이다.

hands는 참 다양한 의미로 해석되네요. 그럼 앞에 나온 표현들을 복습할 겸 아래 dialog를 다시 한번 보실까요?

A : I lost my data about the new product. I think somebody hacked into my computer.

B : We have the best online security team. You can leave this matter in their hands.

A : Can I? If it falls into the hands of our competitor companies, I'll be fired.

B : Calm down. Let's report to the security team first.

A : 신상품 관련 자료가 없어졌어. 누가 내 컴퓨터를 해킹한 것 같아.
B : 우리 회사엔 실력이 뛰어난 온라인 보안팀이 있으니까 그 사람들한테 맡기면 돼.
A : 그래도 될까? 만약 자료가 경쟁사의 수중에 들어가기라도 하면 난 해고될 거야.
B : 진정하고 먼저 보안팀에 신고부터 하자.

그녀는 비명을 지르며 그의 어깨 위에서 정신을 잃었다.
She screamed and fell unconscious on his shoulder.

안드레이가 군에 입대하기 위해 떠나야 할 시간이 다가오자 아내 리자는 이렇게 안드레이의 어깨 위로 쓰러지고 맙니다. 임신한 몸으로 남편을 전장으로 떠나보내고 홀로 시댁에 남겨지게 될 자신의 처지가 서글펐기 때문이겠죠. 여기서 **정신을 잃다, 기절하다**는 뜻으로 **fall unconscious**가 쓰였는데요, 비슷한 표현으로는 faint, pass out, black out이 있답니다. 아래 예문으로 이 표현들을 다시 한번 볼까요?

He was wounded in a car accident and fell unconscious.
그는 자동차 사고로 부상을 당하고 의식을 잃었다.

She was almost fainting from excitement.
그녀는 흥분해서 기절할 정도였다.

He passed out after seeing the swarming bugs.
그는 우글거리는 벌레를 보고 나서 정신을 잃었다.

Terry blacked out on the stage at a ballet contest.
테리는 발레 대회 무대 위에서 기절했다.

'의식을 잃다, 기절하다' 라는 뜻을 지닌 다양한 표현들 잘 익히셨나요? 그럼, 아래 dialog를 통해 한번 더 확인해 보세요.

A : Did you see the music awards yesterday?

B : Yeah. Allison almost passed out when she received the trophy.

A : I understand her. You know, I delivered a speech at the graduation ceremony. Fortunately I didn't faint, but I was almost peeing in my pants.

B : Really? You must have been really anxious.

A : 어제 음악 시상식 봤어?
B : 응. 앨리슨이 트로피를 받으면서 거의 기절할 지경이더라.
A : 난 이해해. 내가 졸업식 때 연설했잖아. 다행히 기절하진 않았지만 바지에 오줌쌀 뻔했잖아.
B : 정말? 정말 안절부절 못했었나 보네.

그녀는 흥분한 티를 내지 않으려고 안간힘을 썼다.
She was trying with all her might to conceal her excitement.

나타샤는 알렉산드르 황제가 주빈으로 참석하는 무도회에 초대를 받게 됩니다. 무도회장에 들어서면서 그녀는 너무 흥분해 실신할 지경이 되지만 티를 내지 않으려고 이처럼 안간힘을 쓰는데요. 여기서 **try(do) with all one's might**라는 표현을 눈여겨 보세요. **안간힘을 쓰다, 최선(전력)을 다하다**라는 뜻이에요. do all one can, try(do) one's best, do all in one's power 등도 비슷한 상황에서 쓸 수 있는 표현들이랍니다.

Oliver is trying with all his might to get a scholarship. 올리버는 장학금을 받기 위해 최선을 다하고 있다.

He'll surely do all he can to reach his goal.
그는 목표를 이루기 위해 반드시 최선을 다할 것이다.

Jenny will try her best not to fall behind while hiking. 제니는 하이킹하는 동안 뒤처지지 않도록 최선을 다할 것이다.

Nick promised to do all in his power to carry out his father's wishes.
닉은 아버지의 소원을 들어드리기 위해 최선을 다하겠다고 약속했다.

모든 일에 최선을 다하는 사람에게 좋은 결과가 있기 마련이겠죠. '최선을 다하다' 는 표현을 아래 dialog를 통해 한번 더 짚고 넘어가 볼까요?

A : I'm taking a salsa lesson. I don't think I have any talent for dancing. I'm as stiff as a log.

B : Try your best. You can be a good dancer. Give it time.

A : I'm trying with all my might. Actually I'm practicing five hours a day.

B : Good attitude. You'll get better day by day.

A : 살사 레슨을 받고 있는데 난 춤에는 소질이 없나 봐. 통나무처럼 뻣뻣하다니까.
B : 최선을 다해 봐. 춤을 잘 추게 되겠지. 시간을 두고 기다려 봐.
A : 나도 힘껏 노력하고 있어. 사실 하루에 다섯 시간씩 연습하거든.
B : 바람직한 태도야. 차차 나아질 거야.

THE CLASSIC HOUSE

*offers
a wide range of world classics
in modern English.*

01	The Little Prince 어린 왕자
02	Fifty Famous Stories 50가지 재미있는 이야기
03	Aesop's Fables 이솝우화
04	The Great Gatsby 위대한 개츠비
05	Daddy-Long-Legs 키다리 아저씨
06	Pride and Prejudice 오만과 편견
07	O. Henry's Short Stories 오 헨리 단편집
08	Anne Frank: The Diary of a Young Girl 안네의 일기
09	The Scarlet Letter 주홍글씨
10	Jane Eyre 제인 에어
11	Animal Farm 동물농장
12	Tales from Shakespeare 셰익스피어 이야기
13	The Adventures of Tom Sawyer 톰 소여의 모험
14	E. A. Poe's Short Stories 포우 단편집
15	Wuthering Heights 폭풍의 언덕
16	Strait Is the Gate 좁은 문
17	The Adventures of Huckleberry Finn 허클베리 핀의 모험
18	Tolstoy's Short Stories 톨스토이 단편집
19	The Adventures of Sherlock Holmes 셜록 홈즈의 모험
20	Tess of the d'Urbervilles 테스
21	Sense and Sensibility 이성과 감성
22	The Phantom of the Opera 오페라의 유령
23	Dr. Jekyll and Mr. Hyde & Other Stories 지킬 박사와 하이드 씨 외
24	Gone with the Wind 바람과 함께 사라지다
25	Little Women 작은 아씨들

26	Les Miserables	레 미제라블
27	Great Expectations	위대한 유산
28	War and Peace	전쟁과 평화
29	A Midsummer Night's Dream & Other Stories	한여름 밤의 꿈 외
30	The Sorrows of Young Werther	젊은 베르테르의 슬픔
31	Robinson Crusoe	로빈슨 크루소
32	Around the World in Eighty Days	80일간의 세계일주
33	The Necklace & Other Stories	목걸이 외
34	The Hunchback of Notre-Dame	노트르담의 꼽추
35	A Portrait of the Artist as a Young Man	젊은 예술가의 초상
36	Don Quixote	돈키호테
37	The Notebooks of Malte Laurids Brigge	말테의 수기
38	Odyssey	오디세이
39	The Brothers Karamazov	카라마조프 가의 형제들
40	A Doll's House	인형의 집
41	A Woman's Life	여자의 일생
42	First Love & Mumu	첫사랑 & 무무
43	Sons and Lovers	아들과 연인
44	The Memoirs of Sherlock Holmes	셜록 홈즈의 회상록
45	The Autobiography of Benjamin Franklin	프랭클린 자서전
46	A Christmas Carol & Other Stories	크리스마스 캐럴 외
47	Crime and Punishment	죄와 벌
48	Resurrection	부활
49	Greek and Roman Mythology	그리스 로마 신화
50	The Last Lesson & Other Stories	마지막 수업 외